U0638812

有六Q的孩子有大出息

宫曙光　编著

吉林科学技术出版社

图书在版编目（CIP）数据

有六 Q 的孩子有大出息 / 宫曙光编著 . -- 长春 : 吉林科学技术出版社，2023.10

ISBN 978-7-5578-9041-4

Ⅰ . ①有… Ⅱ . ①宫… Ⅲ . ①家庭教育 Ⅳ . ① G78

中国版本图书馆 CIP 数据核字（2021）第 239550 号

有六 Q 的孩子有大出息

YOU LIU Q DE HAIZI YOU DA CHUXI

编 著	宫曙光
策 划 人	张晶昱
出 版 人	宛 霞
责任编辑	宿迪超
封面设计	冬 凡
幅面尺寸	145 mm×210 mm
开 本	32
印 张	7
字 数	131 千字
页 数	224
印 数	1-20 000 册
版 次	2023 年 10 月第 1 版
印 次	2023 年 10 月第 1 次印刷

出 版	吉林科学技术出版社
发 行	吉林科学技术出版社
地 址	长春市福祉大路 5788 号龙腾国际大厦 A 座
邮 编	130118

发行部传真 / 电话　0431-81629529　81629530　81629231
　　　　　　　　　　　81629532　81629533　81629534

储运部电话　0431-86059116

编辑部电话　0431-81629380

印 刷	三河市燕春印务有限公司

书 号	ISBN 978-7-5578-9041-4
定 价	38.00 元

如有印装质量问题　可寄出版社调换

版权所有　翻版必究　举报电话：0431-81629380

在当今的中国，培养孩子已经成了每一个家庭的大事，为了不让自己的宝贝输在起跑线上，无数父母使出浑身解数送孩子学这学那。然而，让许多父母失望的却是无数的孩子不是低分低能，就是高分低能，或是有了成绩，没了品行，又或坠入学习，荒废了心灵，丧失了精神，没有了智慧，没有了方法，没有了创新，没有了思维。

面对这已成燎原之势的现象，笔者从1997年就开始调研，并在调研的基础上，开始了理论研究。经过多年的考察分析，得出一个结论，那就是：要想让孩子走向成功，就必须让孩子做一个六Q人，亦即让孩子同时拥有智慧商数（IQ）、情绪商数（EQ）、道德商数（MQ）、学习商数（LQ）、激励商数（PQ）、理财商数（FQ）。

这六个商数的家教意义、组合的因由及素质效能是：

智慧商数，亦即IQ，是心理学和脑科学中最早使用的专有名词，它是检测和衡量一个人聪明与否的一种评价指标。

情绪商数，亦即EQ，是由美国著名学者戈尔曼提出来的。这个商数告诉人们，仅有智商是不够的，在孩子成功的路上，如果只拥有高智商，却不会管理自己的情绪，不会维系人际关系，是不会成功的。

道德商数，亦即 MQ，是由美国著名教授科尔斯提出来的，它是衡量个体生命道德品质水平的指标。笔者认为，一个孩子要想有出息，走向成功，还应拥有德商，即做人要好，人格要健全。

学习商数，亦即 LQ。它是针对个体如何进行学习而提出来的一个带有惯性的名词。在当今知识爆炸的经济时代，如果不会学习，不善学习，必然会被淘汰。

激励商数，亦即 PQ。主要考量一个人是否会设定目标，并能否拥有信念的一个术语。

理财商数，亦即 FQ，是美国学者罗伯特·清崎提出来的。这个商数主要包括两个方面的内容，一是正确认识金钱及金钱规律的能力，二是正确应用金钱及金钱规律的能力。

本书共六部分，以笔者的六 Q 成功理论作为整体框架，每一商数的内容里铺排了相应小节，每个小节用一个寓言故事和一句名言来印证和比照，同时对该小节进行精要的阐释，力求以言简意赅的语言进行微言大义的解析。这些细目选择准确，分类合理，易学易做，操作性很强。如果孩子能够认认真真地学懂弄通六 Q 故事，领会其要旨，感悟其内涵，一定会走向成功，迈入辉煌的人生殿堂！

目 录

第一Q：投入水罐中的石子

帮助青少年学会谋划方法、正确思维的智商(IQ)物语

第二Q：抢救没有把的斧头

帮助青少年学会控制情绪、调适心灵的情商 (EQ) 物语

第三Q：捧起不发芽的花盆

帮助青少年学会锤炼修养、塑造品格的德商 (MQ) 物语

第四Q：天天爱磨牙的野猪

帮助青少年学会重视学习、善于求知的学商 (LQ) 物语

第五Q：跳出井口的小青蛙

帮助青少年学会设定目标、坚定信念的励商 (PQ) 物语

第六Q：丢弃金狮子的流浪汉

帮助青少年学会认识金钱、科学理财的财商 (FQ) 物语

第一Q：投入水罐中的石子

帮助青少年学会谋划方法、正确思维的智商(IQ)物语

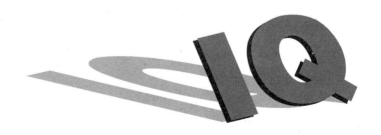

智是谋之本，有智才有谋，所以智比谋更重要。

——历史学家、《燕山夜话》作者　邓拓

大臣的女儿

——学会侧向思维

我不能改变风向，但我可以调整风帆从而到达目的地。

——谚语

古代有一个国王经常骑马出去打猎，很少徒步行走。

有一天，国王在打猎时偶尔走了一段路，不小心被一根刺扎了脚。国王痛得"哇哇"直叫，便把身边的侍从大骂了一顿。第二天，国王向一个大臣下令：一个星期之内，必须把领地内所有的大街小巷统统铺上牛皮。如果不能如期完工，就要把大臣绞死。

一听国王的命令，那个大臣十分惊讶。可是国王的命令怎么能不执行呢？他只得全力照办。

大臣向自己的下属官吏下达命令，官吏们又向下面的工匠下达命令。很快，往地上铺牛皮的工作就开始了，声势十分浩大。

可是，铺着铺着就出现了问题，所有的牛皮很快就用完了。于是，不得不每天宰杀其他牲口。这样一连杀了成千上万的牲口，可是铺好的路还不到千分之一。

离限期只有两天了，急得大臣消瘦了许多。大臣有一个女儿，非常聪明，她对父亲说："这件事由我来办。"

大臣苦笑了几声，没有说话，可是姑娘坚持要帮父亲解决难题。她向父亲讨了两块皮，按照脚的模样做了两只皮口袋。

第二天，姑娘让父亲带她去见国王。来到王宫，姑娘先向国王请安，然后说：

"尊敬的国王，您下达的任务，我们都完成了。您把这两只牛皮口袋穿在脚上，走到哪儿去都行，别说小刺，就是钉子也扎不到您的脚！"

国王把两只牛皮口袋穿在脚上，然后在地上走了走，他感觉穿上这两只牛皮口袋走路舒服极了。他不禁为姑娘的聪明感到惊奇，连连称赞姑娘。

国王下令把铺在街上的牛皮全部揭起来。很快，揭起来的牛皮堆成了山。人们用这些牛皮做了无数双鞋子。

大臣的女儿不但因此得到了国王的奖赏，而且受到了全国老百姓的尊敬。

智商物语：

当用一种方法处理事情碰壁时，必须懂得及时换一种方法，重新思考，转换思维角度，学会侧向思维。失之东隅，却有可能收之桑榆。理想的答案不止一个，成功的道路更不止一条。

逃出笼子的鸟

——学会权衡思维

两害相权取其轻，两利相权取其重。

——古代俗语

有许多鸟被抓了，装在一个大鸟笼中。主人每天都来观看，经常喂它们好吃的食物。如果谁的羽毛长长了，就剪掉；如果谁长肥了，就抓出来，杀了吃掉。

有一只鸟暗想："如果我吃多了，就会变肥，变肥了，就会被杀掉；如果我饿着不吃的话，即使暂时不被杀掉，我也会被饿死。我应当估算着吃食物，既不要让自己长肥，减少脂肪，又不能让自己挨饿。这样，等到我羽毛长好，就可以寻找机会逃出鸟笼了。"

这只鸟按照这样的想法去做，等到羽翼丰满，果然逃出了鸟笼。

智商物语：

学会权衡思维，善于驾驭两个对立或是危险的条件，对其进行分别控制，并从中坐收渔翁之利，取得理想的效果，是能够左右逢源、内外兼收、首尾相顾的绝妙智慧。权衡不是逃避，而是高超地应付。

钓大鱼的工具

——学会准备思维

工欲善其事，必先利其器。

——孔子

有个人和几个朋友去海滨旅行，行程中有钓鱼这项安排，于是，几个朋友一起去购买钓具。商场里，这个人坚持要买一根重型的钓鱼竿和线轴。朋友们开玩笑说道："你是打算钓一条鲸鱼吧？"

他笑一笑，并不理会这些打击他信心的玩笑。

他们来到了海滨。一个朋友的渔线被挣断了，那人抱怨自己没有准备重一些的钓具。

很快，拿着重型钓具的这个人的线拉紧了。是一条大鱼！半小时后，他把战利品拖上了船，原来是一条将近15千克重的大鱼！

其余的人顿时对这个人肃然起敬。因为他向他们演示了一个道理：如果你想钓一条大鱼，那你要先准备好钓大鱼的工具。

智商物语：_____

学会准备思维，懂得要想成就理想，就要未雨绸缪。

旅行者

——学会先机思维

第二名与最后一名没什么两样。

——洛克菲勒

两位旅行者在森林里跋涉，突然，一只熊向他们猛扑过来，其中一位马上换上鞋，撒腿就跑。另一位跟在后面说：

"你跑得再快也没有熊跑得快。"

换鞋的人说：

"我不需要跑得比熊快，我只要跑得比你快一点儿就行！"

智商物语：————————————————————

学会先机思维，懂得第一永远是对的，早起的鸟儿有虫吃。

丢牛的牧人

——学会应变思维

到什么山上唱什么歌。

——俗语

有个牧人赶着牛群在树林里放牧，发现少了一头小公牛，到处寻找也找不到。于是牧人祷告说：

"神啊，如果让我把偷牛贼找到，我情愿贡献一只羊来祭拜你。"

他翻过一个小山冈，看见一头狮子正在津津有味地享用他的小公牛。牧人吓得四肢发抖，合起双手向上天祈求道：

"我刚才祷告，如果能找到偷牛贼，我就献出一只羊，现在我已经看见了贼，我愿意补充我的诺言。只要能让我从狮子口下保住性命，我情愿在丢掉小公牛的基础上，再赔上一头大公牛。"

智商物语：_____

学会应变思维，懂得到什么山就应唱什么歌，下什么海就抓什么鱼。如果一个人，到了东山却唱北山的歌，想捞南海独有的鱼却用淡水里用的网，那么，这个人就不是具有现实精神的人，他是不会成功的。

三头公牛

——学会聚焦思维

伤其十指不如断其一指。

——毛泽东

从前，在靠近原始森林的一个牧场上，生活着三头肥壮的公牛。它们形影不离，总是一起吃草，一起到河边喝水，一起睡在牧场。

有一头狮子早就对这三头公牛垂涎三尺了，但它始终没有下手的机会，因为这三头公牛从不分离。最后，狮子想出了一个主意：

离间三头公牛之间的感情，再一个个地对付。

一天，一头公牛远离了它的两个伙伴，独自在森林边缘吃草。狮子慢慢地走上前，主动和它打招呼说："朋友，听着！你要留心你的两个伙伴，因为我听说它俩为了霸占草地想干掉你。你瞧，它俩在窃窃私语，而且还不时地看你一眼，生怕你听见了。"

几天以后，狮子又用同样的诡计，在第二头公牛面前搬弄是非。结果，那头公牛相信了狮子的挑拨，渐渐地离开了自己的伙伴。

就这样，过去亲密无间的三头公牛，现在形同陌路，再也不团结了，相互离得远远的，去小河边喝水的时间也错开了，甚至连晚上躺在树底下睡觉时，也尽量离得远远的。

狮子的计谋终于得逞，它高兴极了。一天，狮子突然从密林中奔出来，扑向一头公牛，咬断了它的脖子。而另外两头在远处分散吃草的公牛，眼睁睁地望着狮子吞食了自己的伙伴，只想着那是它应得的报应。

过了几天，狮子吃掉了另一头公牛。又过了几天，最后一头公牛也成了狮子口中的美食。

智商物语：————————————————————

学会聚焦思维，懂得集中一点逐个击破，永远是上等的智慧。

狮子请客

——学会细节思维

天下大事，必作于细。

——老子

有一头狮子看见一头豹子长得很强壮，心中猜想它的肉一定十分结实、有弹性，口感一定很好。于是狮子想了一个计策，准备杀害这头豹子。

有一天，狮子主动去找豹子，对它说："早上我刚刚捉到一只肥美的绵羊，不知道你愿不愿意赏光，到我住的地方和我一起品尝鲜嫩的羊肉？"

豹子听狮子这么说，口水差点流出来，很快就答应了狮子的邀请。

其实狮子早就设计好陷阱，等豹子上钩。它想趁着豹子不注意时，一口把它咬死，然后慢慢享用豹子的肉。

没多久，豹子果然来了。狮子刚好有事出去了，只留下很多铜盆、铁叉在洞穴里面。

豹子四处看看，东找西找，就是没有看到狮子说的绵羊，这时，聪明的豹子已经明白狮子邀请它来的目的，于是赶紧溜了。

狮子回来后，发现豹子走了，心里非常生气，就跑去责问豹子："我并没有怠慢你，为什么你自顾自地走了呢？"

豹子镇静地回答："因为我在你那儿什么也没看见，只见到烤肉的工具啊！"

智商物语：

学会细节思维，懂得观察决定判断，细节决定成败。

邻居

——学会利谬思维

审度时宜，虑定而动，天下无不可为之事。

——张居正

有一个波斯商人外出经商前，他把自己的100千克铁寄存在邻居的家里，请邻居代为看管。波斯商人生意做完了，回到家里，向邻居索取自己的铁。

邻居却说："很抱歉，你的铁没有了，一只老鼠把100千克的铁吃光了。我仓库里有洞，仆人也曾赶过老鼠，可是仍然没有看住。"

商人听后，知道邻居在撒谎，不过他装着相信的样子走了。

几天后，商人把邻居的儿子骗到一个地方藏了起来，然后商人请邻居吃饭。

邻居哭着说："我不能去吃你的饭，因为我的儿子丢了。"

商人故作惊讶地问："什么，你孩子丢了？真巧，昨天傍晚我看见一只猫头鹰把一个小孩儿给叼走了。"

邻居说："我儿子那么大，一只猫头鹰怎么可能叼走我这么大的儿子呢？"

商人说："这是我亲眼看见的，信不信由你。为什么不可能呢？既然有的地方一只老鼠能够偷吃 100 千克的铁，那么那个地方的猫头鹰就肯定能叼走你的孩子。"

邻居顿时明白了，原来是自己所做的事太不道德，而且早被识破，于是连忙道歉，并立即把铁还给商人。当然，他的孩子也毫发未伤地回来了。

智商物语：_____

学会利谬思维，懂得谬误如果加以导引就不是谬误，而是一种方法，一种谋略。因为当量变发展到质变的时候，一定改变了原貌。也就是说，当谬误被巧妙地进行思辨时，谬误就成了扭转形势走向成功的工具。

跟在狐狸后面的老虎

——学会利优思维

他山之石，可以攻玉。

——《诗经》

狐狸是动物世界里平庸的家伙，它没有雄狮的力量，也没有骏马的速度，更没有苍鹰的翅膀，可它却生活得很好，因为它有比别的动物更聪明的大脑，而且它还意识到这一优势。

一天，狐狸在森林中遇到老虎，想逃已不可能，只好大着胆子走上前，对老虎说："你敢吃我吗？我是上帝派来管理百兽的。"

老虎根本不相信。

狐狸说："你跟在我后面，一看便知！"

老虎好奇地跟着狐狸。森林中的百兽见老虎来了，四处逃窜。

"怎么样，我没骗你吧！"老虎信以为真，放了狐狸。

智商物语：_____

学会利优思维，懂得拉大旗做虎皮；巧用对方的优势，可以化弱势为强势。

虎和人
——学会克强思维

攻人以谋不以力，用兵斗智不斗多。

——欧阳修

一天，马在路边吃草，老虎走过来，对它说："你比人大两三倍，为什么你还让他骑着，上上下下那样的劳累呢？"

马摇摇头回答说："你不知道，人虽小，但计策很多。"

老虎说："你的话，我不相信，要是我，叫他不敢碰我一根毛。"

马说："不信，你去问问水牛嘛！"

老虎说："好，我去问问水牛。"

老虎很快来到田边，问水牛："你比人大两三倍，为什么天天还要帮他犁田，劳累得快要死呢？"

水牛摇摇头回答说："你不知道，人虽小，但计策很多，谁也斗不过他。"

老虎说："你的话，我才不信，要是我，叫他不敢动我一根毛。"

水牛说："你不信，他在那里吸烟，你去和他比比看嘛。"

老虎说："比就比，难道我还怕他不成？"

老虎很快就跑到人的面前，张牙舞爪地说："来，我们两个抱个腰比比看，谁狠些。"

那人看了老虎一眼，一边吸烟，一边回答说："比就比嘛，只怕你抱不过我，别人要笑死你的。"

老虎跳起来说："抱不过你？那你过来，我们两个抱一抱试试嘛！"

人回答说："慢点，等我回家吃完饭再回来和你抱。"

老虎说："你去吃饭回来再抱，也好，我等着你。"

人说："你等我？你的话我不信，恐怕等我吃完饭回来，你已经跑了。"

老虎说："你放心，我一定不跑。"

人说："你要是让我相信你，就让我把你捆在松树上，不然的话，你跑了，我上哪里去找你。"

老虎说："好吧，你怕我跑，你就把我捆在松树上吧。"

于是，人找来一根绳子，紧紧地把老虎捆在了松树上。

之后，人回家把枪拿来，对老虎说："现在，我请你吸一袋烟，然后，我俩就抱一抱。"

老虎说："你把烟杆拿给我吸。"

人说："你把眼睛闭上。"

老虎把眼睛闭上以后，人把枪管放进了老虎的嘴里，扣动扳机，"轰"的一声，老虎的头被打破了。

老虎就这样死了。

学会克强思维，懂得弓拉得越紧往往就越容易断，越强势的人往往越有弱点和软肋。每一个渴望成功的青少年，任何时候，都不要见硬矮三分。一定要明白：强者永远都不可怕，都是可以征服的。只要你会用四两拨千斤的办法，就能战胜强者。

掉进深渊的狮子

——学会判断思维

宁可没有主意，也不要有虚妄的主意。

——杰弗逊

有一头狮子拼命地追赶着一只羚羊，羚羊使出全身的劲儿在山路上奔跑着。前面是一道悬崖，悬崖下面是深渊，羚羊跑到这儿，看到黑乎乎的深渊，不由得停住了脚步。可是一想到后面追过来的狮子，羚羊心一横，反正也是死，不如跳一下试试，也许会跃过深渊。想到这儿，羚羊憋足了劲儿，闭上眼，纵身一跳。奇迹发生了，羚羊竟然跃过了深渊，跳到了对面的悬崖上。

狮子赶了过来，望着对面的羚羊，牙齿咬得咯咯响。

这时，一只狐狸在旁边说话了。狐狸说："亲爱的朋友，你是兽中之王，你想得到的东西怎么会逃得掉呢？小羚羊算什么，它能跳过去的地方，就凭你的力气，也能跳过去，对你来说这不是什么难事儿。否则，你就不配做兽中之王。"

狮子听了狐狸又恭维又讽刺的话，心里的气儿不打一处来。狮子想，先把对面的羚羊收拾了，回头再找狐狸算账。想到这儿，狮子使出全身的劲儿也猛地一跳，向对面的悬崖跳去。

可是，狮子没有跳过去，掉进深渊摔死了。

狐狸高兴得手舞足蹈，心想：脑子灵活是我的本事，你大狮子没脑子这可怨不得我呀，这下好了，又少了一个霸王。

智商物语：＿＿＿＿＿＿＿＿＿＿＿＿＿＿＿＿

学会判断思维，懂得没有准确、合理、科学的判断，就不能进行准确、合理、科学的决策。

小黑兔智斗强盗狼

——学会减法思维

减得一分人欲，便是复得一分天理。

——王阳明

小黑兔佳佳是动物王国里最勤劳、最聪明的孩子，它与兔奶奶生活在一起，兔奶奶十分疼爱佳佳。

一天深夜，兔奶奶突然生病了，这可急坏了佳佳。于是，佳佳急忙带着钱，穿过森林，去请斑马医生来给奶奶治病。

正当佳佳走到森林深处时，冷不防从黑暗处跳出一头狼。这头狼手里拿着一把手枪，一步一步地逼近佳佳，恶狠狠地说道："赶快交出你身上所有的钱，不然我杀了你！"

这可是兔奶奶的救命钱，佳佳一边想一边颤抖着向后退。但佳佳很快就冷静了下来。

佳佳镇静地说："钱可以给你，但是你要帮我个忙！"

狼诧异地问道："让我帮你什么呢？"

"向我的衣服上开两枪。"佳佳说，"这样，我回去后，就可以向奶奶交代了。"

狼答应了，对着佳佳的衣服开了两枪。

"再向我的帽子上开两枪吧！"佳佳又说。

"叭叭"两声，狼又向佳佳的帽子上开了两枪。

"在我的裤腿上，也拜托你打两个洞吧！"佳佳佯装可怜的样子，哀求着。

"你可真是麻烦啊！"狼一边不耐烦地说着，一边提起枪，对着佳佳的裤腿开了两枪。但是，这次枪却没了声音，原来枪里的子弹都用光了。

狼不禁愣住了。这时，佳佳捡起一块石头，朝狼的脚上狠狠地砸去。狼捂着脚哀号着，佳佳趁机转身飞快地跑远了。

智商物语：_____

学会减法思维，懂得越少越精准、越少越集中。在追求成功的道路上，人们往往喜欢用加法，想得到或者拥有得很多。实际上，越想占有得多往往越得不到，甚至被多所累。所以，要想取得事业上的成功，一定要学会用减法，剔除掉一些东西，留下你最需要的。

哥哥和妹妹

——学会择优思维

择其善者而从之，其不善者而改之。

——孔子

一天晚上，小猪兄妹在舒适的书房里做作业，忽然兄妹俩吵了起来。

猪妈妈跑进来问："你们两个吵什么？好好做作业。"

哥哥说："我想要把窗子打开，我需要新鲜的空气，我都透不过气来了。"

妹妹叫道："我不开窗子嘛，很冷的！"

猪妈妈听明白了，便说道："我看就开一半窗子吧！既避免了风太大，也可以让新鲜空气流通。"

两个小家伙异口同声地叫道："不好！"

猪妈妈急了，大声说道："你们想怎么办？"

这时，猪爸爸走了过来，笑着说："我来解决这个问题。"

它走到隔壁的房间，打开了窗子。因为这两个房间是相通的，所以效果很明显。空气变得流通了，而冷风也没有直接吹进来。

猪爸爸问儿子："感觉到新鲜空气了吗？"

儿子高兴地说："感觉到了！"

猪爸爸又问女儿："你冷吗？"

女儿也高兴地说："不冷。"

学会择优思维，懂得只选最有用的，不选最好的。善于择优，就是善于规避大害，利中取大；而不善于择优，就是利害不分，大小不分。

勇敢的小兔

——学会灵感思维

机会来时像闪电一样短促，全靠你不假思索地利用。

——巴尔扎克

小兔子青青一直和妈妈生活在一起，它们每天天刚亮就上山采蘑菇、割青草，准备过冬的粮食。因为有妈妈的陪伴，小兔子青青觉得这样的日子是幸福和快乐的。

一天，小兔子青青家来了一头跛脚的狼，它说兔妈妈借它的钱一直未还，今天是来收债的。

"可是，先生，我从来都没见过你，怎么会向你借钱呢？"兔妈妈辩解道。

"哦，是去年夏天，在拉迪山上，你碰见我，求我借给你10块钱，说你女儿病了，要看医生，难道你忘了？"那头跛脚的狼边说边上下打量着小兔子青青。

"先生，我想你是记错了，我女儿一直很健康，没得过什么病……"

"够了，够了！你这个啰唆的老家伙，没钱还债，就把你女儿抵押给我。"说完，跛脚狼一把抓住小兔子青青就走。

"求求你，先生，只要你放过我女儿，我跟你走。"兔妈妈为了保护女儿，挺身而出。

"你，你这一把老骨头，我的牙老了，恐怕嚼不动。"跛脚狼狰狞地大笑起来。"不过，你女儿太瘦小了，还不够塞我的牙缝呢。好吧，看在你哀求我的份上，暂且留下你女儿，让你跟我走。"

"狼先生，求你千万别带走我妈妈。"小兔子青青极力哀求狼不要抓走它母亲，但狼一把将它推倒在地，叼着兔妈妈扬长而去。

小兔子青青长大后，还经常想起当年跛脚狼抓走妈妈时自己痛苦的情景，因此它寻遍千山万水，想找跛脚狼报仇。

有一次，小兔子青青翻越一座山时，突然发现了一行脚印延伸到了一个洞口，并且洞口堆满了鸡毛、兔毛。"是狼的洞穴，一定是。"小兔子青青蹲下身子，仔细地察看那行脚印，它发现有一些脚印很浅，而其他的脚印很深。"是跛脚狼，只有跛脚狼才会留下深浅不一的脚印，一定是它。"

小兔子青青心想，"跛脚狼，你的死期到了。"但它知道，单凭自己的力量是斗不过跛脚狼的，可就这样放弃，它不甘心。

小兔子青青知道，光怨恨跛脚狼没有丝毫用处，应该把那种不甘心的心情化为动力，帮自己战胜跛脚狼。

于是，它轻手轻脚地走近洞口，听到里面传出一阵阵鼾声。原来这天跛脚狼到山下的农庄里偷了一只鸡，临出门时，又顺手偷走了主人的一瓶老酒。回到洞里，它吃饱喝足后，正在呼呼大睡呢。

机会来了，小兔子青青想，如果现在跑下山去叫猎人，只怕猎人还未到，狼就醒了。"该怎么办呢？"小兔子青青边沉思边踱步，一不小心被一块石头绊了一下，差点摔倒。

"对，我可以用石头把洞口堵死呀！"小兔子青青念头一起，用尽全身力气搬起巨石，堵住了洞口。

当跛脚狼醒来时，山洞口已被堵死，它被饿死在山洞里。

后来，动物王国里的其他动物知道这件事后，都称赞小兔子青青是一位智勇双全的英雄。

山羊记者去采访时，问小兔子青青："是什么样的力量鼓舞你搬起了一块比自身重几倍的石头？"

小兔子青青说："是不甘心的心情化为了前进的动力，才使我搬起了那块巨石。"

智商物语：_____

学会灵感思维，懂得越是在危险的时候，越应拥有冷静的智慧。急中无措，是思维的桎梏；急中生智，方是思维的迸发。

狗熊与猫

——学会曲线思维

军争之难者，以迂为直，以患为利。故迂其途，而诱之以利，后人发，先人至，此知迂直之计者也。

——《孙子兵法》

狗熊在河里摸鱼，猫趴在岸上偷偷观看。猫看到狗熊摸着了鱼以后放到嘴里，馋得流出了一尺长的口水："哎，太香了，只可惜自己不能下水！"

其实，狗熊早已发现了猫，但它假装没看见。它把又摸到的鱼故意一条又一条地扔到河岸上，引诱猫上当。猫以为狗熊不知道，蹿出去把鱼叼到暗处吃掉了。

狗熊上岸，见没有了鱼，一把揪住猫，大吼起来："一定是你偷吃了我的鱼！看，你的喉咙里还卡着鱼刺呢！"

猫只得乖乖承认。

狗熊狰狞地大笑："没办法，现在我只能把你吃掉才能吃到我的鱼，谁让你这样馋嘴！"

猫求饶说："您放过我吧，日后，我会钓双倍的鱼赔你……"

狗熊一拧脖子："不行，赔一百倍的鱼也不行！告诉你吧，我这是在用鱼钓你上钩呢，我真正想吃的是猫肉！"

智商物语：_____

学会曲线思维，懂得有时只有绕道迂回，才能更好地达到目的。直来直去，有时难免困难重重；而以迂为直，就有可能顺利畅通。

王子与年轻人

——学会诱导思维

应当细心地观察，为的是理解；应当努力地理解，为的是行动。

——罗曼·罗兰

国王唯一的儿子得了一种怪病，他把自己臆想成一只大公鸡，一天到晚蹲着跳来跳去，嘴里咕咕地叫着。仆人送饭来，他也不用筷子，只用嘴啄，一边啄，一边说："咕咕咕，好吃！好吃！"

国王诏告全国，无论男女老少，地位如何，只要能将王子莫名其妙的病治好，他愿意分出一半江山给这个人。

几天后，一位年轻人来应诏了。国王看他一副吊儿郎当、游手好闲的样子，便也不抱太大希望，但死马当作活马医，让他试一试好了。

年轻人去见王子。他一见王子，便也蹲下来，大叫道："咕咕咕，我是一只大公鸡。"王子很开心，见到了同伴，也兴奋地说："咕咕咕，我也是一只大公鸡。"

于是，王子与年轻人又笑又闹滚在了一起。王子用嘴啄米，年轻人跟着啄；王子在沙土里打滚，年轻人也跟着滚；王子蹲在一条木板上睡觉，年轻人也跟着一起睡。

就这样大约过了一个月，就在国王对年轻人的一派胡闹忍无可忍时，奇迹出现了。

这天，年轻人先是咕咕地和王子说了半天话，之后随手拿起杯子喝水，而不是像以前那样低头去吸。王子很好奇，也试着拿起杯子喝水，而且发现这样的确比较方便。

王子高兴了，于是开始处处模仿年轻人的动作，就这样，年轻人很巧妙地一步一步把王子重新引导回了人的状态。

智商物语：_____

学会诱导思维，懂得在某些情况下，强制手段不仅起不到积极作用，反而会有负面影响。如果深入本质，耐心疏导，就有可能在潜移默化中实现自己设定的目标。

蚂蚁搬桃
——学会分散思维

合抱之木，生于毫末；九层之台，起于累土；千里之行，始于足下。

——老子

一大一小两只蚂蚁一同出去觅食，找了好久都没有找到合适的食物，又饿又累。

忽然，大蚂蚁发现前边不远处有一个很大的桃子，桃子很漂亮，白里泛红，长满了细密的绒毛，闻起来可香啦！

两只蚂蚁很高兴地跑上前去，想把这个桃子搬回家。要知道，这么大一个桃子可够蚂蚁全家吃好长时间了。

无奈桃子虽好，可太重了，两只蚂蚁别说搬了，连稍微挪动一点儿都不可能。

小蚂蚁有点儿气馁，想都不想就对大蚂蚁说："要不你在这儿等着，我回去找人来帮我们搬。"可是一大早，全家都出去找食物了，哪里找得到帮手啊。

两只蚂蚁有点儿急了，难道就放着这么大、这么鲜美的桃子不要了？这多可惜啊。

小蚂蚁想了想，试探着说："要不我们先去找找有没有其他吃的？"

大蚂蚁有点儿舍不得，站在原地又想了想，忽然有了主意："没有关系啊。我们搬一个桃子搬不动，干脆就一次咬一小块下来搬回去不就可以了。这样多搬几次，肯定可以把桃子搬回家的。"

于是，两只蚂蚁便开始用牙齿把桃子分成很多小块，然后一块块地往家搬，虽然速度不是很快，但是最终把一个大桃子都搬了回去。

这天晚上，蚂蚁全家美美地吃了一顿丰盛的桃子宴。

智商物语：＿＿＿＿＿＿＿＿＿＿＿＿＿＿＿＿＿＿＿＿＿＿＿＿＿

学会分解思维，当遇到困难时，懂得化整为零就是最好的解决方案。一个人肯定一口吃不成胖子，但是如果每天多吃一点，不用多久就会身材肥硕。

小猪与狼

——学会博弈思维

只有把抱怨环境的心情化为上进的力量，才是成功的保证。

——罗曼·罗兰

从前，有一只小猪用一车砖盖了一所房子。

一天，狼来了。它对小猪说："小猪，小猪，让我进去。"

小猪没理他。于是狼就使劲朝房子吹气，可是房子没有倒，狼见吹不倒房子，就说："小猪，我知道一块漂亮的萝卜地。"

"在哪儿？"小猪问。

"哦，在米勒先生那边。如果你明天早上也想去，我来接你，我们一起去，拔些萝卜当午饭吃。"

"好吧，"小猪说，"我愿意跟你去，我们什么时候走？"

"6点钟。"

第二天早上，小猪5点钟就起床拔了满满一箩筐萝卜。6点钟狼来了，说："小猪，你准备好了吗？"

小猪说："我去过了。"

狼很生气，但是它想，它一定能用计使小猪成为自己的盘中餐，于是就说："小猪，我知道一棵美丽的苹果树。"

"在哪儿？"小猪问。

"在下面农夫的房子旁边。"狼回答说。

"我明天早上5点钟去给你摘几个苹果来。"

第二天早上，小猪4点钟就起床去摘苹果了。但是这次路比较远，又得爬树，当它正要从树上下来时，狼已经走过来了。

"喂！小猪！你比我来得还早呀？上边的苹果好吗？"

"非常好。"小猪回答说，"我给你扔一个吧。"

于是，小猪把苹果扔得很远很远，狼得跑很长一段路才能把它捡回来。小猪趁机从树上跳下来，赶紧跑回了家。

当天中午，狼又来了，隔着窗户对小猪说："小猪，今天下午你想去集市吗？我3点钟来接你吧！"

像往常一样，小猪提前上了路。来到市场买了一只黄油桶，正要回家，看见狼来了，它不知道怎么办才好，于是就爬进黄油桶，藏在里面。桶带着小猪从山坡上滚下来，狼吓了一大跳，赶快跑回了家。

后来，狼去小猪家，隔着窗户把那天被吓的事告诉给小猪听，小猪笑得直揢肚子，说："哦，那是我呀，我吓得你屁滚尿流的。我在市场上买了一只黄油桶，看见你来了，我就钻进桶里，从山坡上滚了下来。"

狼听了气得不得了，说要从烟囱钻进屋子把小猪吃掉。小猪看出了它的阴谋，在炉灶上架了一口大锅，锅里盛满水，下面生着旺旺的火。当狼从烟囱里滑下来时，小猪揭开锅盖，狼一头掉进沸腾的热水锅里烫死了。

从此以后，小猪再也不受狼的干扰，幸福地生活着。

智商物语：————————————————————

学会博弈思维，懂得成功就是不断进行有韬略的博弈的结果。懂得博弈思维，才能去竞争；因为要竞争，用博弈思维才能找到必胜的方法。敢于博弈，是不服输的表现；善于博弈，是成功者的必备素质。

会游泳的乌龟

——学会逆向思维

欲高反下，欲取反与。

——鬼谷子

乌龟和兔子比赛失败后，因为不服气，又先后和兔子进行了两场比赛，但是都以失败而告终。

已经失败三次了，换别人早就认输了，可是乌龟不认输，一连几天它都没睡好觉，一直在苦思冥想："如果只靠每天苦练恐怕还是赢不了兔子，因为我们的先天条件差得太多了，我必须想一个办法。"

"对，改变比赛路线。这次不是轮到我选择比赛路线吗，我为什么不选择一条有河的路线呢？我会游泳，兔子不会，我自然能赢它。"

乌龟因自己的高明而感到兴奋无比。

果然不出乌龟所料，在比赛中，兔子面对小河无计可施，只好眼睁睁地看着乌龟跑到了终点。

智商物语：_____

学会逆向思维，越敢于反思；就越能走出桎梏，越能突破藩篱。生活中有许多事情靠习惯的思维方式去解决，效果常常不尽如人意，这时候运用逆向思维，往往就会茅塞顿开，得到满意的答案。

爬山冠军

——学会借力思维

好风凭借力，送我上青云。

——曹雪芹

山里住着一只穿山甲，又馋又懒，特别爱吃蚂蚁。每次它那长长的舌头一舔，很多可怜的蚂蚁就成为它腹中之物了。

一天，穿山甲在山里闲逛，想找点儿美食。巧的是碰到了一群蚂蚁，穿山甲很高兴，打算把它们当自己的晚餐。

奇怪的是，今天跟往常不一样。居然有一只小蚂蚁抗议，它说："你不能吃我，我是上天派来管理山林的，如果你吃了我，上天会惩罚你的。"

穿山甲听了不由得一愣，吃了这么久的蚂蚁，这种事还是第一次听到，它被弄糊涂了，半天都不敢相信。

小蚂蚁见它不信，接着说道："你不信，我们就来比试一下好了，我是上天的使者，不会输给你的。我们比比谁先跑到山顶，如果你没我快的话，你就必须放我们走。"

穿山甲心想，我就不信这个小东西能逃出我的手掌心，于是，便毫不犹豫地同意了。

穿山甲在山里跑得还是很快的。它信心百倍地往山上爬，越爬越乐不可支，哼，小小蚂蚁居然敢跟我挑战！不自量力！想着马上就有一顿美食吃了，穿山甲不禁哼起了小调。

它还不时地回头看看蚂蚁到哪儿了。爬了没多久，发现蚂蚁不见了！它很满意地想，蚂蚁一定被自己甩得远远的。

想着蚂蚁很快就心甘情愿地送到自己嘴里了，穿山甲心情愉悦，很快就爬到了山顶。

可是屁股刚一坐下，就听到蚂蚁在它身后懒洋洋地说："你怎么才到呀，我都在这睡一觉啦。"

穿山甲大吃一惊，以为蚂蚁真的是上天的使者，于是不得不认输，答应不吃蚂蚁了。

其实，聪明的小蚂蚁只是趴在穿山甲的尾巴上，被带上了山，刚才穿山甲转身时才从它身上爬下来的。

智商物语：_____

学会借力思维，懂得站在别人肩膀上的智谋，是顶级的智谋。会借力者易成功，不会借力者难成功。

会讲故事的小老鼠

——学会连环思维

运筹帷幄之中，决胜千里之外。

——司马迁

一只狐狸拎着一篮花生，来到森林里，对小动物们说："要是谁能讲个故事让我说出'没有'两个字，我这篮花生就送给谁。"

小动物们听了狐狸的话，你看看我，我看看你，没人作声。

有只小老鼠，一拍脑门，便讲了起来："一只小蚂蚁走到一条大河边，正要过桥，迎面走来了一只大象。小蚂蚁伸出拳头对准大象的肚皮就是一拳。大象在独木桥上'骨碌骨碌'滚了两下，好不容易爬起来，看见你妈妈——狐狸老太太来了。大象卷住你妈妈，使劲一甩，你妈妈'扑通'一声被甩进了河里。四只小老鼠看到了，急忙一起游过去救起了你妈妈。你妈妈说：'小老鼠，谢谢你们！我回家一定要把你们救我的事，告诉我的儿子，让它好好感谢你们。'"

小老鼠讲到这里，停了停，问："狐狸先生，你妈妈有没有告诉你这件事？"

"有，谢谢你们。"狐狸煞有介事地点着头，就是不说"没有"两个字。

小老鼠看了看那篮花生，搔了搔头皮，想了想，继续讲："四只小老鼠救了狐狸老太太的事，一传十，十传百，传到了狮子大王的耳朵里。狮子大王想见见这四只小老鼠，就命猪警官去把它们找来。猪警官带领 999 名荷枪实弹的士兵，从早找到晚，一直没找到。等它回宫一看，四只小老鼠就站在狮子大王身旁。你猜，是谁找到这四只小老鼠的呢？"

狐狸想了想说："是它们自己跑进王宫里的，对吗？"

"对！"小老鼠竖起大拇指说，"您真聪明，大家请鼓掌！"

小动物们跟着一起鼓起了掌。狐狸的脸上露出了开心的笑容，心里好得意啊！

小老鼠又继续往下讲："狮子大王为四只小老鼠举行庆功宴。宴席上好菜不断，其中有最好吃的'油炸花生米'。四只小老鼠有个习惯，每次吃饭，它们会不约而同地把四双筷子伸向同一盘菜。请你再猜一猜，现在这四双筷子同时伸向哪盘菜？"

"油炸花生米！"狐狸很自信地说。

"猪警官告诉你的？"小老鼠追问了一句。

"没有，没有，没有！"狐狸急忙辩解着，"是我自己猜到的。"

"聪明的狐狸，我们一直在等你说'没有'两个字啊！"

小老鼠拎起地上的一篮花生，分给了小动物们吃。

智商物语：——————————————————————

学会连环思维，懂得兔有三窟、虎有三扑，一环易拆、九环难解。善于走一步看三步，是运筹帷幄的智慧；心中有一步走三步，是环环相扣的智慧。

竹篮打水

——学会创新思维

如果要成功，你应该朝新的道路前进，不要跟随被踩烂了的成功之路。

——洛克菲勒

有一只小猴子，每天都很开心，似乎没有什么事情能对它造成伤害，也没有什么使它感到难过和伤心的事情。

有一天，一只老猴子和它开玩笑，说："小猴子，大家都说你很聪明，我今天要考考你，你能用这个竹篮子给我打一篮子水吗？"

小猴子当时没有多想，就蹦蹦跳跳地拿着竹篮子出去了。但是，竹篮子怎么能打水呢，当小猴子把竹篮子从水中提出来时，水自然全漏掉了。小猴子十分生气，心想，这老猴子，分明是在捉弄我嘛。小猴子有点儿泄气。

过了一会儿，它朝周围看了看，又高兴起来。这有什么难办的，我一定不能让老猴子小瞧了我。小猴子计上心头。它来到河边采了张大荷叶铺在竹篮里，打了满满一篮子水。

当小猴子用竹篮子提着水回来，放在老猴子面前时，老猴子看得目瞪口呆，好一会儿才回过神来说："哎，谁说竹篮打水一场空？只要肯动脑筋，竹篮子也能打水啊！"

智商物语：

学会创新思维，懂得创新是智慧中的智慧。当来自四面八方的危机以及各种困难如箭镞纷纷向你袭来时，有些思维就丧失或部分丧失了它的功能，不能解决危机和困难。这时，只有创新才能解决困局，扭转局面。如果此时你能不乱阵脚，开动大脑，充分发挥主观能动性，逼迫自己去独立思考，不向任何传统或习惯屈服，敢于挑战权威，不怕冒险，不怕失败，那么无疑你就能从困境中走出来，不仅可以化解危机，而且很有可能完成一次脱胎换骨的蜕变。

醉酒的猴子

——学会反复思维

学而不思则罔，思而不学则殆。

——孔子

有一天，一群猴子在树林中玩耍，看到一个猎人走进树林。这些猴子就躲在叶子浓密的树枝上，偷偷地看着。这时，猎人感觉到有点儿口渴，就从背囊中拿出水壶喝水。就在猎人要将水壶放回背囊的瞬间，一只猴子眼疾手快地抓住树枝荡了过来，抢走了猎人的水壶。这群猴子也像猎人那样轮流地喝水。

第二天，这群猴子在树林中玩耍时，又看到昨天的猎人挑了两桶水来到这片树林，坐在一棵大树底下，盛了一碗水喝，然后离开了树林。

这群猴子高兴坏了，你争我抢地喝起来。这时，昨天抢水壶的那只小猴子高声叫道："别喝了，这不是水！"

其他猴子都哈哈大笑，嘲笑它说："不是水是什么？你看它不是和水一样吗，也是无色、透明的。"

它们不理会这只小猴子的话，不一会儿，两桶水就见底了。只见这群猴子一只只开始东倒西歪进而倒在地上。原来桶里装的是酒。

这时，猎人拿着口袋来到树林中，除那只小猴子外，其他的猴子都被猎人装走了。

智商物语：_____

学会反复思维，懂得重复的事情有时是甜蜜的，有时却是陷阱。正确认识重复，可避免失败；掌握重复，就能总结经验，走向成功。

猴子捞皮球

——学会借鉴思维

善学者假人之长以补其短。

——《吕氏春秋》

淘气的小猴子捡到一只皮球，觉得很好玩，就又蹦又跳地拍皮球，结果皮球蹦到不远处一个小口大肚的罐子里，小猴子在罐子旁边转来转去，可怎么也拿不出来。

这时天空飞过来一群乌鸦，"呱呱"的叫声让猴子想起了"乌鸦喝水"的故事。乌鸦够不着瓶子里的水，就不断地往瓶子里投石头，使水涨起来，我为什么不往罐子里灌点水让皮球漂起来呢？

猴子看到不远处有一盆水，就把盆子里的水倒进罐子里，皮球果然浮到了罐子口，猴子拿到了皮球。

智商物语：_____

学会借鉴思维，懂得别人的经验是帮你发展的现成参考书。

人与猴

——学会多角度思维

发明智慧就是和别人看同样的东西，却能想出不同的事物。

——艾伯特·詹奥吉

在动物园里，有个人指着笼子里的猴，对身旁的儿子说："你知道这种动物叫什么名字吗？"

"不知道。"儿子看着上蹿下跳的猴回答。

"记住，儿子，"这人说，"这种动物叫猴，是专门供咱们人类开心的。"

"何以见得呢？"儿子问。

"不信，你瞧。"这人说着，从包中摸出一颗花生，朝一只大猴背后扔去，只见大猴急转身，略一迟疑，却用嘴接住，然后再用爪子从嘴里取出来，剥开吃掉，显得很滑稽。

儿子笑起来，说真有意思。这人也被大猴的举动逗得很开心，便来了兴致，又将另一颗花生扔进去，还是扔向大猴身后的地方，大猴故技重演，转身，跳起来用嘴接住，用爪子取出剥开，放进嘴里。

这人不断地扔，大猴便不断地接，接住吃掉，或给身边的小猴。

直到一大包花生全部扔完了，这人才带着儿子一步一回头地离开。

路上儿子问："你为什么将花生扔到大猴的背后呢？"

这人得意地笑了，说："猴子翻来覆去地来回折腾才有意思啊！"

小孩信服地说："爸爸，你真行！"

这人又说："猴子这种动物自以为挺聪明，其实被咱们耍了，它还不知道呢，真可悲！"

而动物园里，大猴指着笼子外的人，对小猴说："你知道这种动物叫什么名字吗？"

"不知道。"小猴望着指手画脚的人回答。

"记住，孩子，"大猴说，"这种动物叫人，是专门供咱们猴子开心的。"

"何以见得呢？"小猴问。

"不信你等着瞧吧。"这时，适逢有个人往笼子里扔花生，扔向大猴背后，大猴急转身，略一思忖，用嘴去接住，然后再用爪子从嘴里取出，剥开吃掉，显得很滑稽。最终，那人把一大包花生全部扔给了猴子。

他们走后，小猴问大猴："你为什么用嘴去接扔进来的花生？"

大猴得意地笑了，说："如果我用爪子去接，他们还会扔吗？"

小猴信服地说："妈妈，你真行！"

大猴又说："人这种动物自以为挺聪明，其实被咱耍了，他们还不知道呢，真可悲！"

智商物语：＿＿＿＿＿＿＿＿＿＿＿＿＿＿＿＿＿＿＿＿＿＿

学会多角度思维，懂得从不同的角度看问题会产生不同的想法，多种视角看风景，风景自然不一样。所以，不要被固有的视角、固定的思维习惯限制了自己的发展。

不敢进洞的狐狸

——学会观察思维

细节在于观察，成功在于积累。

——爱默生

有一只年老体衰的狮子，再也不能像以前那样面对众野兽大呼大叫耍威风了。现在它连外出打猎的力气都没有了。

狮子想在自己还没有完全倒下之前，每天吃得饱饱的。于是，狮子要凭心计找食物吃了。

一天，狮子说自己病了，躲进山洞躺着，还不住地呻吟着。狮子生病的消息传了出来，许多动物都很高兴。它们长期害怕狮子，听说狮子病得不轻，起不了床，都想借着看望狮子的名义去羞辱狮子。

可是，它们哪能想到这是狮子的诡计。很多进去的动物都没有逃过狮子的尖齿利爪。

狐狸听说狮子病了，也想去看看。可是狐狸走到洞口便停住了。

狮子在洞里问狐狸："狐狸朋友，你是来看我的吧，为什么不进来呢？"

狐狸回答说："是的，听说你病了，我来看你。可是在我之前有很多伙伴进去看你，这里有它们进去的脚印，怎么没有它们出来的脚印呢？看来，我还是别进去吧！"

狮子在洞里听到狐狸的话，一点儿办法也没有，气急败坏地吼道："狡猾的狐狸，等我病好了，我非先吃掉你不可。"

狐狸冷笑道："亲爱的大王，那就等下辈子你再耍威风吧，你已经出不了洞啦。"

狐狸昂首挺胸地走了。

智商物语:

学会观察思维，懂得眼睛看到的一切都包含着大量的信息。

有智谋的小皇帝

——学会推理思维

一切推理都必须从观察与实验中得来。

——伽利略

有一个小皇帝，登基时只有13岁，因为年纪小，大臣们没把他放在眼里，认为这么大的国家，被一个乳臭未干的小孩儿统治，实在是个笑话。小皇帝暗暗发誓，总有一天让他们相信自己！

有一天，小皇帝在大臣和侍卫的簇拥下，到皇宫的花园中散步。大家正在行走，忽然看到树上结了很多青梅，青翠欲滴。小皇帝马上被吸引住了，他走到树下，信手摘下一颗青梅正想放到嘴里尝尝，这时一个内侍跑过来，对皇帝说："陛下，这青梅还没熟透，吃到嘴里会很酸。不过我倒有一个办法，会让您吃起来觉得很甜。"

小皇帝好奇地问："什么办法？说出来，大家一起试试。"

内侍回答："把青梅用蜂蜜拌了再吃就会又酸又甜，很好吃。"

"那好，你快去把蜂蜜拿来。"皇帝吩咐道。

不一会儿，内侍端来了蜂蜜，迅速拌好了青梅。

小皇帝接过正要品尝，忽然发现蜂蜜里有一粒老鼠屎。这可把内侍吓坏了，他慌忙说道："不关我的事呀，陛下！肯定是库房主管失职，致使库房闹了鼠害。我这就把库房主管叫来，听您发落。"

"别急，"小皇帝说道，"怎能仅凭看到一粒老鼠屎就随便定罪呢？"说完，小皇帝用手掰开鼠粪，仔细端详后，厉声斥问内侍："大胆内侍，竟敢栽赃他人，还不从实招来！"

内侍听后吓得"扑通"一声，跪倒在地："陛下明察，是我干的，因为前几天我私下里找库房主管要些蜂蜜，他不给我，我就想报复他，所以今天才……"

卫兵带走内侍后，大臣们都凑了过来，其中一人问道："陛下怎知是内侍栽赃他人呢？"

小皇帝说道："假如库房闹了鼠害，那么这么小的鼠粪就会被蜜浸透，内外都很湿软，而这粒鼠粪外边湿了，里面却是干的，说明是刚刚放进去的，而去取蜜的只有内侍一个人，那么除了他，还会是谁呢？"

大臣们听后，个个赞叹不已，从此对这个小皇帝心悦诚服，并尽心尽力协助他治理国家。

智商物语：_____

学会推理思维，懂得逻辑能力是一个成功者必备的能力之一。逻辑缜密，则做事严谨；逻辑混乱，则做事无序。

做不出来的沙绳

——学会矛盾思维

要独立思考问题，不要人云亦云。

——爱默生

从前，在弥辟腊这个国家里，有个聪明人叫召玛贺，他很受老百姓的拥护，也受弥辟腊国王的器重。这件事引起了四个大臣的不满。

有一天，四个大臣商量好要捉弄召玛贺。他们一起来到王宫里对国王说："尊敬的国王，您不是很喜欢召玛贺这个人吗？他聪明、能干又有本事。您应当出道难题考考他，如果他能解答出来，那么可以把他选进宫里，直接为国王服务。"

国王一听这话，很感兴趣。他向四个大臣问道："你们说说看，出什么样的难题考他？"

四个大臣互相挤了挤眼，便把早已商量好的办法告诉了国王，那就是叫召玛贺用沙子做一根拴象的绳子，并限他一个星期做好。

国王想：拴象的绳子又粗又长又结实，沙子怎么能做绳子呢？四个大臣怕国王不同意，又赶忙说道："尊敬的国王，有本事的人任何事情都能成功，您该相信召玛贺……"国王终于点了点头。

第二天，四个大臣来到召玛贺家，告诉他："国王限你七天之内用沙子做一根拴象的绳子，到时候我们来取，如果做不到，就要砍你的头！"

召玛贺不慌不忙地说道："好吧，七天后你们来取吧！"

四个大臣回宫后，立刻派了一名心腹到召玛贺家打探消息，看他究竟如何做沙绳。谁知一连六天过去了，打探消息的人回来都说召玛贺没有任何动静，整天在家里睡大觉。四个大臣一听，不禁哈哈大笑："这下可难倒召玛贺了！他做不出来的，解气，解气！"

第七天一清早，四个大臣大摇大摆地来到召玛贺家，开口就要召玛贺拿出沙绳来。

召玛贺用手拍拍后脑勺："哎呀，真对不起，这几天很忙，我把这事给忘了。"

四个大臣一听，立刻吼起来："国王的命令不容违抗，今天已然是第七天了，交不出沙绳就要砍你的头！"

召玛贺毫不在乎，慢腾腾地说道："别忙，别忙，我搓沙绳快得很，保证让你们今天取走。你们看，"召玛贺用手指指江边的沙滩，"那里沙子很多，我马上就动手搓沙绳，只是请四位大人回王宫把原来用的沙绳拿来给我做个样子，我保证搓出的沙绳和你们要的一模一样。"

四个大臣一听，全都傻了眼。你看我，我看你，谁也说不出一句话来。这沙绳到哪里去找哟？他们没办法，只好灰溜溜地回到王宫，把情况告诉了国王。

国王生气了，对四个大臣喝道："不可能做到的东西你们要别人做出来，明明是你们打坏主意害人，居心不良！"四个大臣耷拉着脑袋，一言不发。

本来国王早就想把召玛贺召进宫，因为这件事，召玛贺的聪明又一次博得了国王的喜欢。于是，国王将那四个大臣全部发配边疆，把召玛贺召进了宫。在召玛贺的辅助下，国王把国家治理得越来越好。

智商物语:_____

学会矛盾思维，懂得水能载舟，亦能覆舟。掌握矛盾内涵，则因境化境；巧用矛盾内涵，则以毒攻毒。

联手的羚羊、骏马、长角牛
——学会组合思维

想别人不敢想的，你已成功了一半。做别人不敢做的，你就会成功另一半。

——爱因斯坦

有一只羚羊屡屡受到一头名叫沃夫的恶狼的追捕，它必须想办法摆脱这一困境。通过一段时间的调查，它得知沃夫是草原上的恶魔，偷吃过刚生下的牛犊，拖走过骏马家族中的小马驹。

于是，羚羊找到强壮的骏马和长着尖利长角的牛，和它们商量："二位老兄，为了我们的安全与幸福，我希望咱们团结起来，杀掉沃夫，这也是为你们的子女复仇。"

骏马流下了泪，说道："羚羊，你说怎么复仇，我听你的。"

牛也红了眼，说道："杀掉沃夫，我第一个向前冲。"

羚羊说："好，马兄，你千万不要冲动，听我的，请你藏在这棵树后，等我把狼引来，你就把它踢到土坡下。牛哥，你埋伏到土坡下，等沃夫滚下去，你就用长角把它顶死。"

牛马都同意了羚羊的安排。

于是，羚羊装着若无其事的样子，在沃夫经常活动的地方四处张望。沃夫不知是计，前来追杀，最终被羚羊、牛和马联合杀死。

智商物语：＿＿＿＿＿＿＿＿＿＿＿＿＿＿＿＿＿＿＿＿

学会组合思维，懂得不同的事物组合在一起，一定可以创造出最新的事物。善于组合者，就是善于发现共性，让散乱的共性组合起来发挥作用，以达到共振的目的。

群鱼斗渔网
——学会协同思维

二人同心，其力断金。

——《易经》

渔夫的篮子里装满了各种各样的鱼，有鲤鱼、鳗鱼、狗鱼、洞穴鱼和一些叫不出名字的鱼。这些鱼都是靠那张大渔网捕捞的，它捕起鱼来可厉害了。

凡是打捞到的鱼，不分大小，全都送到市场上去。有的下了油锅，有的进了沸汤。侥幸留在河里的鱼儿，早吓得失魂落魄，惶惶不可终日。它们再不敢擅自游动，而是把自己的身体深深地钻进淤泥里。这样的日子实在是不好过。

鱼儿们都知道，单独一条鱼是斗不过渔网的，因为它每天都在它们料想不到的地方撒下来，无情地捕猎着它们。照此下去，这条河里的鱼过不了多久就会消失殆尽。

一天，鱼儿们聚集在一块大木头下面，召开紧急会议。狗鱼情绪激动地说："我们就算不考虑自己，也应当为我们的子孙后代好好想想。它们来到这个世界上，就有生存的权利。可是除了我们，谁还会关心它们？谁还能让它们免除那可怕的灾难呢？"

"我们又有什么对策呢？"洞穴鱼虽然敬佩狗鱼的勇敢精神，但它自己却十分怯懦。

"冲破渔网！"狗鱼大声地发出了宣告，它的意见得到了与会者的一致赞同。

当天，鳗鱼把会议的决定传遍了河头河尾。接到它的通知，鱼群都向岸上有白柳遮掩的河湾深水区游来了，大鱼小鱼，游得可快了——它们成千上万，聚集到约定的地点，誓死向渔网宣战。

鲤鱼见多识广、身手矫健，而且足智多谋，曾不止一次咬破渔网，获得生路。因此大家一致推举它担任这次行动的总指挥，鲤鱼义不容辞地答应承担起这个重任。

"请大家安静！"鲤鱼说，"渔网跟我们生活的这条大河一样宽。为了能让它在水里直立，我发现渔网的绳子上都拴着一些铅块。我命令你们分成两队，第一队负责把铅块扛到水面上。第二队负责咬断网上的绳子。你，狗鱼，负责咬断把渔网固定在岸上的网绳。"

鱼群轻摆尾鳍，仔细倾听着鲤鱼的每一句吩咐。

"鳗鱼听令，我派你立即出去侦察。"鲤鱼接着又说，"你必须弄清渔网的准确位置。"鳗鱼高兴地领命而去。

鱼群聚集在水深浪静的河湾底下，焦急地等候消息。利用这段时间，鲤鱼游到了胆小的洞穴鱼身边，为它们壮胆。鲤鱼告诉它们说，哪怕是网扣套住了也用不着惊慌，因为只要狗鱼咬断了网绳，渔夫就没有办法把渔网拖到岸上去。过了一会儿，鳗鱼回来报告说，渔网已撒在下游河道，离这里大概有一里左右。

于是，鲤鱼率领着鱼群，浩浩荡荡，像一支大舰队似的向战区挺进。

"大家都要多加小心！"鲤鱼游在队伍的最前面，它一边游一边叮嘱着，"一定要睁大眼睛，不要让湍流把自己卷进渔网里去。该停的地方要是不能立即停住，就摆动尾鳍顶住激流！"

战区越来越近了，灰蒙蒙的渔网出现在鱼群的前方，它正阴险地张开千百张嘴巴。

愤怒的鱼群展开了进攻。它们兵分两路，有的从河底拱起渔网，有的摸清了网绳的来龙去脉。狗鱼用它那锋利的牙齿几口就把网绳咬断了。河里像炸开了锅似的热闹，暴怒的鱼群并未因此而收兵。尽管渔网早已破破烂烂，它们仍用尖利的牙齿咬住，用劲地甩动尾巴和鱼鳍，向四处撕扯，不久，渔网就成了无数的断绳。

河岸上的渔夫急得直搔头，好长时间都弄不明白渔网是怎么消失的。

智商物语：_____

学会协同思维，懂得越会配合越出成果，越会协调越易成功。配合则步调齐整，同心协力，万事不惧；失合则各怀心事，自唱自曲，诸事尽输。

第二 Q：抢救没有把的斧头

帮助青少年学会控制情绪、调适心灵的情商 (EQ) 物语

成功是一个自我实现的过程，如果你控制了情绪，便控制了人生，认识了自我，就成功了一半。

——美国作家　丹尼尔·戈尔曼

没吃到东西的山羊

——学会认识自己

世界上最难的事，莫过于知道怎样将自己给自己。

——歌德

一天早晨，一只山羊来到一个菜园旁边，它想吃里边的白菜，可是一道栅栏把它挡在了外面，它进不去。

这时，太阳慢慢地从地平线上升起来了，不经意间，山羊看见了自己的影子，它的影子拖得很长很长。它以为自己很高大，于是自言自语地说："我如此高大，一定能吃到树上的果子，吃不吃这白菜又有什么关系呢？"

在距离菜园不远的地方，有一大片果园。园子里的树上结满了诱人的果子，于是山羊朝着果园的方向奔去。到达果园时，已是正午，太阳当头。这时，山羊的影子变成了很小的一团。山羊一看，自言自语地说道："唉，原来我这么矮小，看来是吃不到树上的果子了，还是回去吃白菜的好！"

于是，它又匆匆忙忙转身往回跑。等跑到菜园子的栅栏外时，太阳已经偏西，它的影子又变得很长很长。

"我干吗非要回来呢？"山羊很懊恼，心想：凭我这么大的个子，吃树上的果子一点儿问题也没有。

山羊就这么两头奔跑，结果什么也没有吃到。

学会认识自己。世上没有相同的两片雪花，人也一样。每个人都是造物主的宠儿，人作为地球上最高级的生灵，其首要任务，就是要认识自己，了解自己，把自己放在一个合适的群体中、合适的位置上与合适的事业中。谁能够认识到这既简单又复杂的一点，谁就推开了影响人事业发展的情商大门。

小兔和小鸭
——学会发现自己的优势

每个人都有他隐藏的精华，和别人的精华不同，它使人具有自己的气味。

——罗曼·罗兰

动物园举办小动物技能培训班，小兔和小鸭踊跃地报了名。

第一节课，熊老师教小动物们跑步。小兔非常高兴，它一口气从起点跑到终点，得了第一名。小鸭非常难过，因为它怎么也跑不快。小鸭非常羡慕小兔能跑得飞快，就让小兔教它奔跑。小兔认真地教，小鸭学得非常努力，可是几天过去了，小鸭还是一扭一扭的，跑得慢极了。

几天后，熊老师开始上第二节课，这节课的内容是游泳。这下小鸭高兴了，它扑通跳到水里，快活地游着，好不自在。可是小兔难过了，它都不敢走到水里去。小兔非常羡慕小鸭游得那么好，就让小鸭教它游泳，可是小兔刚一下水，就差点被淹死。

从此，小兔快乐地奔跑，小鸭快活地游泳，它们再也不互相羡慕了。

情商物语：_____

学会发现自己的优势，懂得独有的特长是任何人也代替不了的。

驴的闹剧

——学会明确自己的职责

宝贝放错了地方，就是废物。

——富兰克林

有头驴费尽力气，终于爬上了屋顶。在人们的围观中，它得意地手舞足蹈，跳起舞来，结果把屋顶的瓦片全踩碎了。

主人从地里干活回来，发现驴子在屋顶上的闹剧后，立刻爬上屋顶，把驴子赶了下来，并用一根粗棍子狠狠地打了它一顿。

"为什么打我？昨天我发现猴子也是这样跳的。你却非常高兴，好像这样给了你许多欢乐似的。"驴子委屈地说。

"蠢货，爬到屋顶上去跳舞，你以为你是猴子吗？别忘了，你是一头驴。"主人对驴子又是一顿棒打。

学会明确自己的职责，永远不要好高骛远、东施效颦、这山望着那山高。

老鹰与寒鸦

——学会衡量自己的实力

做自己喜欢做的事情；做自己擅长做的事情！

——李彦宏

在一座大山的悬崖峭壁上，住着一只力大无比的老鹰。一天，这只老鹰捉住了一只小羊羔，用爪子抓住了小羊羔的背，飞回了悬崖上的家。

有只寒鸦见老鹰轻松地就抓回了一只羊，嫉妒得双眼发红，它发誓要在飞行和力气上超过老鹰，抓一只大的绵羊给老鹰瞧瞧，也好让老鹰见识见识它的本领。

寒鸦骄傲地拍着翅膀，飞向山脚下正在吃草的羊群。它在低空不停地盘旋，最后落在一只大绵羊的背上。寒鸦一心想把大绵羊抓走，却不曾想到：自己的爪子反被羊毛缠住了，寒鸦拼命地扑打翅膀，最终还是无济于事。

牧羊人发现了正在挣扎的寒鸦，他赶过来把寒鸦捉住了，并且立即剪短了寒鸦的双翅。傍晚时把寒鸦带回了家，给儿子玩耍。

儿子问道："父亲，这是只什么鸟啊，这么瘦小？"

牧羊人说："这是一只地道的寒鸦，但是它却头脑发热，把自己当成了一只老鹰。"

情商物语：_____

学会衡量自己的实力，任何时候都不要头脑发热，要懂得量力而行。

蜘蛛和风湿病

——学会找到适合自己的空间

人必须认识自己：如果这不能有助于发现真理，至少这将有助于规范自己的生活；没有别的比这更为正确的了。

——布莱士·帕斯卡

阎王爷造出了风湿病和蜘蛛后，对它们说："孩子们，你们为自己骄傲吧，因为人类只要提起你们，个个都会感到毛骨悚然的。现在你们可以给自己找个落脚的地方了，是居窄小的破房，还是住金碧辉煌的宅院？你们可以分配一下。"

蜘蛛说："我根本不喜欢那小屋。"而风湿病则相反，日夜通风的小破房对它来说求之不得，于是找了一所破房，高高兴兴地安居在一个穷人的脚趾上。

风湿病说："我不认为这地方没我的用武之地，我不可能卷铺盖走人，因为像希波克拉底这样的著名医生总不可能跑到这里来赶我走。"蜘蛛呢，在富家大院的大厅檐下安顿了下来，那架势，仿佛要在这里住一辈子。它放下行李就开始了辛勤的工作，布下了它美丽的网，小虫也被它捉住了。可没想到一个女仆发现了它，只要它一结网，女仆就把网扫掉；可怜的蜘蛛只好天天东躲西藏。不得已，在屡屡失败后蜘蛛只得去找风湿病求助。而风湿病比起不幸的蜘蛛来，还要差千百倍。它的主人不是带它去砍柴就是锄地，风湿病想起来头皮都发麻，它说自己还想请蜘蛛关照一下呢。

风湿病说："哎呀，这里我是一天也不能再待了，蜘蛛妹妹，我们还是换一下住处吧！"蜘蛛正求之不得，它二话没说，赶紧答应并溜进了破旧房。在这里总算碰不到那常让它搬家的讨厌扫帚了。而风湿病则更简单，它住在富家大院里的一位司机身上，并折磨得他从此卧床不起，大夫敷的药也不管用，病是越来越重了。

它们就这样十分明智地交换了各自的住处，并找到了各自能够生存的环境。

情商物语：————————————————————————

学会找到适合自己的空间，懂得只有最适合自己的才是最有用的。

挑水夫

——学会接纳不完美的自己

> 心灵有它自己的地盘，在那里可以把地狱变成天堂，也可以把天堂变成地狱。
>
> ——弥尔顿

一位挑水夫，有两个水桶，分别挂在扁担的两头，其中一个桶有裂缝，另一个则完好无缺。每趟长途挑运之后，完好无缺的桶，总是能将满满一桶水从溪边送到主人家中，而有裂缝的桶在到达主人家时，往往只剩下半桶水。

两年来，挑水夫就这样每天挑一桶半的水到主人家。当然，好桶对自己能够送满整桶水感到很自豪。破桶呢？对于自己的缺陷则非常羞愧，它为只能负起一半的责任，感到很难过。

饱尝了两年失败的苦楚，破桶终于忍不住，在小溪旁对挑水夫说："我很惭愧，必须向你道歉。"

"为什么呢？"挑水夫问道，"你为什么觉得惭愧？"

"过去两年，因为水从我这边一路地漏，我只能送半桶水到你主人家，因为我的缺陷使你做了全部的工作却只收到一半的成果。"破桶说。

挑水夫替破桶感到难过，但他又愉快地说："我们往主人家走的路上，我要你留意路旁盛开的花朵。"

果真，他们走在山坡上，破桶眼前一亮，它看到温暖的阳光下，路的一旁开满了缤纷的花朵，这景象使它开心了许多。但是，走到小路的尽头，它又难受了，因为一半的水又在路上漏掉了。破桶再次向挑水夫道歉。挑水夫温和地说："你有没有注意到小路两旁，只有你的那一边有花，好桶的那一边却没有开花呢？我明白你有缺陷，因此我善加利用，在你那边的路旁撒了花种，每回我从溪边来，你就替我浇了一路花。两年来，这些美丽的花朵装饰了主人的餐桌。如果不是你，主人的桌上也许就没有那么好看的花朵了！"

情商物语：_____

学会接纳不完美的自己，懂得自己的缺陷可能也会带来好的影响。

盲人琴师和盲人琴童

——学会寻找精神支柱

只有一个人能治疗你的不安，那便是你自己。

——戴尔·卡耐基

有位年老的盲人琴师，技艺高超，远近闻名。他带着一个盲童，以弹唱为生，四处漂泊。老琴师每弹断一根琴弦，就在琴体上认真地刻下一道。有一天，老琴师终于弹断了第一百根琴弦。他泪流满面地刻下了第一百道。因为老琴师的师傅在临终前曾叮嘱过他：当他弹断第一百根琴弦、刻到第一百道的时候，便可以打开遗嘱，按照遗嘱中的药方到药店去买药，用药后定能双目复明。

他带着盲童迫不及待地找到了药店。出乎意料的是，药店的伙计大惑不解地说："遗嘱中一个字也没有，只是一张白纸。"老琴师惊呆了，简直不敢相信自己的耳朵。尽管他明白了自己师傅的一片苦心，可是那支撑着生命的精神支柱却彻底崩溃了。不久，老琴师便去世了。

老琴师在去世前，用盲文在那张原来无字的遗嘱上给盲童写下了自己的遗嘱："我的生命可以告诉你：要战胜客观环境，首先要战胜自己。人的生命不仅需要物质力量的支持，而且需要精神力量的支撑。"

光阴似箭，当年的盲童已是一位技艺更加高超、名声更加显赫的老者。他在珍藏了数十年的遗嘱上又用盲文补充道："希望、信念和目标引导着光明和生存，绝望和颓废引导着黑暗和死亡。"

情商物语：＿＿＿＿＿＿＿＿＿＿＿＿＿＿＿＿＿＿＿

学会寻找精神支柱。人具备独一无二的精神，是区别于其他动物的高级生灵。所以，当我们在漫漫的人生路上遇到各种艰难困苦时，一定要有坚定的信念，为自己设定一个目标，让它成为自己的精神支柱。只要有了精神支柱，我们的内心就会充满动力，就可以战胜绝望、颓废，成为主宰命运的强者。

将军的铜钱

——学会乐观自信

我将粉碎一切障碍。

——巴尔扎克

有一位将军要领兵到前方作战，将军胸有成竹，相信一定能取得胜利，可是他的部下却不乐观，认为毫无必胜的把握。将军眼见士兵士气低落，心想，这怎么作战呢？出征前，将军集合所有将士，在一座寺庙前面，告诉他们："各位将士，我们今天就要出征了，究竟打胜仗还是打败仗，我们请求神明帮我们做决定。我这里有一枚铜钱，把它丢到地上，如果正面朝上，表示神明指示此战必定胜利；如果反面朝上，就表示这场战争将会失败。"

听了这番话，部将与士兵虔诚祈祷，磕头礼拜，求神明指示。将军将那枚铜钱朝空中丢掷，结果，落地时铜钱正面朝上，大家一看非常振奋，认为神明指示这场战争必定胜利。

后来，部队来到前方，每个士兵士气高昂，个个都信心十足，奋勇作战，果真打了胜仗。班师回朝后，有部将对将军说，真感谢神明指示我们打了胜仗。将军据实以告："不必感谢神明，其实应该感谢这枚铜钱。"他把身上的这枚铜钱掏出来给部将看，原来铜钱的两面都是正面。

情商物语：_____

保持乐观自信，是成功者必备的素质。

猫头鹰搬家

——学会改变自己

人总是试图去改变世界，却从不曾想过要改变自己。

——列夫·托尔斯泰

猫头鹰急促而忙碌地在树林里飞着。

一旁的斑鸠好奇地问："老兄，你究竟在忙什么？"

猫头鹰气喘吁吁地回答："我在忙着搬家。"

斑鸠疑惑不解地又问："这树林不是你的老家吗，你干吗还要再搬家呢？"

此时，猫头鹰叹着气说："在这个树林里，我实在住不下去了，这里的人都讨厌我的叫声。"

斑鸠带着同情的语气说："你唱歌的声音实在聒噪，令人不敢恭维，尤其晚上更是扰人清梦，所以大家都很讨厌你。其实，你只要把声音改变一下，或者在晚上闭上嘴巴不唱歌，在这林子里，你还是可以住下来的。如果你不改变自己的叫声或者夜晚唱歌的习惯，即使搬到另外一个地方，那里的人还是照样会讨厌你的。"

猫头鹰听了斑鸠的话，想了想说道："老弟，你放心，我一定改变我的叫声，改变夜晚爱唱歌的习惯！"

情商物语

学会改变自己。每一个在成长道路上奋斗的人，都一定会遇上自己所不适应的人和事，这个时候，你唯一的选择就是去适应，改变自己，包括你的习惯以及固有的思维方式。只有如此，你才能融入一个集体，获得人们的青睐和支持，实现你的理想和抱负。

卖瓜

—— 学会恰当地展示自己

要有信心，然后全力以赴……假如具有这种观念，任何事情十之八九都能成功。

—— 威尔逊

有两个老爷爷各推着一车西瓜上街去卖。到了街口一块空地上，两人一同停下车来。白发老爷爷坐在车辕上，双手抱膝，静静地等待着顾客。黑发老爷爷呢，摆开摊子，扯开嗓门，大声地叫喊着："西瓜，西瓜，沙瓤瓜；蜜甜，喷香，水灵灵……"又叫又唱，忙个不停。

白发老爷爷觉得黑发老爷爷这样自卖自夸，未免太不谦虚了，就眉头一皱，责怪说："老弟，好瓜不在高喊嘛，何必这样做呢！"

谁知，黑发老爷爷不但没住口，反而拿起刀来，"沙啦"一声切开一个瓜，叫喊得更加起劲了。顿时，黑发老爷爷的摊前围满了人，看瓜的看瓜，尝瓜的尝瓜，整车的西瓜一下子都卖光了。

白发老爷爷见此情景，感慨地问："老弟，有道是'王婆卖瓜，自卖自夸'，总是不大好的啊，而你却偏偏自己夸自己，难道你一点儿都不觉得难为情吗？"

"我为什么要难为情呢？"黑发老爷爷很自信地回答说，"我卖的全是好瓜，货真价实，夸一夸，让人们早知道，早买去，这有什么不好呢？"

　　学会在任何必要的时候恰当地展示自己，让人知道你是"货真价实"的。永远都不要被"王婆卖瓜，自卖自夸"是吹牛这种传统观念所束缚。

一朵小花
——学会吸引人眼球

每个人都应当有这样的信心,别人能做好的事情,我也能做好。

——林肯

　　一个静寂的夜里，一朵鲜花悄无声息地绽放。它娇艳无比，婀娜柔嫩，在银白色月光的照耀下，显得愈加生机勃勃。它芳香四溢，清新盈鼻，整个夜晚到处都弥漫着它醉人的芳香。然而，它的主人却一直沉浸在梦中，既没看到它的美丽，也没嗅到它的清香，除了做了一个比其他夜晚更加香甜的梦以外，他对此一无所知。就这样，那朵鲜花的绽放没有留下任何痕迹。

　　一个喧闹的午后，主人的朋友们会聚一堂，高谈阔论，引经据典，气氛异常热烈。恰在此时，在那枝刚刚开放过鲜花的花树旁的另一棵花树上，一朵鲜花开放了。它也娇柔美艳，婀娜多姿；它也芳香四溢，清新盈鼻。顿时，大家的目光都被那朵鲜花所吸引，便转移话题，围着那盆花树，夸赞起来。为此，主人非常得意，除了为客人们介绍那朵花的品种、品名和特性外，还向他们自豪地介绍起自己艰辛选择和培育花树的过程。

于是，这棵在人前开放的花树，便被当作重点对象保护起来。主人为它施最好的肥，浇最适量的水，做最精心的护理，这棵花树也因享尽了主人给予它的最好待遇，而开放得更加频繁，更加美丽。而那夜偷偷开放过的花树，由于主人再也没有管过它，从而缺肥少水，没多久便枯萎了。

它死得那样悄无声息，不留痕迹。

情商物语：————————————————————

学会吸引人眼球，懂得只有被人发现你的价值，才能让你实现自身的价值。

狮子找力量

——学会正确地与别人比较

无论头上是怎样的天空，我准备承受任何风暴。

——拜伦

有一天，素有森林之王称号的狮子来到了天神面前："我很感谢你赐给我如此雄壮威武的体格，强大无比的力量，让我有足够的能力统治整个森林。"

天神听了，微笑着问："这不是你今天来找我的目的吧？看起来你似乎被什么事困扰着！"

狮子轻轻叹了一声，说："天神真是了解我啊！我今天来确实有事相求，因为尽管我强大无比，但是每天鸡打鸣的时候，我总会被鸡鸣声给吓醒。神啊！祈求您，再赐给我一种能力，让我不再被鸡鸣声给吓醒吧！"

天神笑道："你去找大象吧，它会给你一个满意的答复的。"

狮子兴冲冲地跑到湖边找大象。还没见到大象，就听到大象跺脚所发出的"砰砰"声。

狮子加速地跑向大象，却看到大象正气呼呼地直跺脚。

狮子问大象："你干吗发这么大的脾气？"

大象拼命摇晃着大耳朵，吼着："有只讨厌的小蚊子，总想钻进我的耳朵里，害得我都快痒死了。"

狮子离开了大象，心里暗自想着："原来体形这么巨大的象，还会怕那么小的蚊子，那我还有什么好抱怨的呢？毕竟鸡打鸣也不过一天一次，而蚊子却是无时无刻不在骚扰着大象。这样想来，我可比它幸运多了。"

情商物语：＿＿＿＿＿＿＿＿＿＿＿＿＿＿＿＿＿＿＿＿＿

学会正确比较，把自己放在幸运儿的位置上。在人生的道路上，每个人都有自己的角色，都有只有自己才能体会的酸甜苦辣，每个人向外界所展示的也不都是真实的自己。因此，我们一定要学会欣赏自己，学会满足，不可盲目攀比，要知道"人比人，气死人"。就像伊索所说的那样：要满足于你的命运，一个人不可能样样第一。

地鼠种萝卜

——学会坚定立场

只要持续地努力，不懈地奋斗，就没有征服不了的东西。

——塞涅卡

地鼠因为好吃懒做，没有粮食过冬，差点被饿死。俗话说：吃一堑，长一智。现在它懂得了要自己劳动才有饭吃。春天一到，地鼠就爬出洞来种地了。

种点什么呢？地鼠是喜欢吃萝卜的，它把地翻了一遍，撒上了萝卜籽。过了几天，地里冒出了小芽；又过了几天，长出了几片小叶子。"这要等到什么时候才能长出萝卜来呢？"地鼠有些不耐烦了。

一天，地鼠走过白兔的田里，看到绿油油的一大片，便问道："兔哥哥，你种的是什么庄稼呀？长得这么好！"

"这是小白菜。你看，一棵有一斤重哩！"白兔回答说。

地鼠听后不觉后悔起来："真不该种萝卜，要是种白菜多合算呀！"于是，它急忙回到自己的地里，把萝卜苗都锄了，改种了白菜。

过了几天，地里冒出了小芽；又过了几天，长出了几片小叶子。白菜虽然长得比萝卜快些，地鼠却还是不满意。

一天，地鼠走过猴子的田里，看到一排又高又大的庄稼，便问道："猴子伯伯，这是什么呀？"

"这是玉米。你看，这玉米棒子多大呀，今年的玉米该吃不完啦！"猴子兴奋地回答说。

地鼠听说又后悔起来了："倒霉，要是种玉米多合算呀！"

于是，它急急忙忙回到自己的地里，把白菜都锄了，重新种上了玉米。

可是，地鼠播下玉米种子不久，冷风就从北方吹来了，寒霜从天空降下了，大地上的绿叶渐渐枯萎了。地鼠种的玉米，刚抽出几根嫩芽就被冻僵在地里了。

地鼠忙了一年，结果什么也没收到，它只得又躲进地洞，瘪着肚子挨饿。

情商物语：_____

学会立场坚定，懂得凡事要有定力，做事不可东一榔头西一棒子。

花山鸡找蛋
——学会有计划有规律地做事

一年之计在于春，一日之计在于晨。

——萧绎

一天，花山鸡正在树林里玩耍，忽然想道：昨天我下的那个蛋丢在哪儿了？一定要找回来。于是，它东走走，西看看，却始终没有找到。

第二天，它才刚上路去寻找，却又要下蛋了。它不问东西地急忙钻进一丛草堆里下蛋。

下蛋后，它自言自语地说："等我找到那个蛋，再回来取你。"

就这样，花山鸡把刚才下的这个蛋丢在那里，又上路了。然而，这天还是没有结果。

第三天、第四天……半个月过去了，还是没找到。花山鸡气坏了，它发誓：不达目的决不罢休！

两个月后的一天，它终于在两块山石间找到了那个蛋，它高兴得跳起舞来，好像取得了什么辉煌成就似的。然而，它又猛地记起自己这些日子还下了很多蛋，东一个，西一个。我把它们都放在哪里了？它不禁有些茫然。想了想，它又下定决心，不厌其烦地开始了寻找……

情商物语：＿＿＿＿＿＿＿＿＿＿＿＿＿＿＿＿＿＿＿

学会有计划有规律地做事。一个懂得规划的人，他不仅做事有计划有章法，而且在执行过程中，更是一丝不苟，丁是丁，卯是卯，决不瞎打误撞，茫然无措。凡是做事无头绪的人，成功的概率一定是零。

驴子与农夫
——学会珍惜当下

在时间的大钟上，只有两个字——现在。

——莎士比亚

驴子每天都要为自己的主人——农夫干活，任务很是繁重，但是农夫给它的饲料却很少，有时根本就吃不饱。于是，驴子跑去请宙斯帮忙。它说："请您让我离开农夫吧！我忍受不了这种超负荷的压力和这样苛刻的雇主。我想换一个新主人。"

宙斯答应了驴子的请求，把它送到了陶工那里。

陶工安排驴子从野外搬运沉重的黏土，并把制造好的陶器运送到集市上。陶工一直都在制陶，于是驴子也跟着不停地搬运，它现在的生活比以前更劳累。

驴子忍受不了这样的生活，于是又请求宙斯再给它换一个主人："这次您一定要给我换一个既受主人重视又很轻松的地方！"

于是，宙斯把驴子送到了皮匠那里。

驴子到了皮匠那里后，更后悔不已。主人倒是很器重它，那是因为驴子有一身好皮，等待它的将是剥去这张皮。驴子痛苦地说："我真不幸！留在以前那些主人那里该多好啊！现在连我的皮都得交给这个人了。我早应该明白，到哪里工作都是要吃点苦的。"

情商物语：

学会珍惜当下，切记最美的风景往往就在身边，最能促进你成功的土壤可能就在你的脚下。

迷路的骆驼

——学会看到事情的另一面

不会从失败中找寻教训的人，他们的成功之路是遥远的。

——拿破仑

五头骆驼在沙漠里吃力地行走，它们和主人率领的骆驼队走散了。前面除了黄沙还是黄沙，茫茫一片，它们只能凭着最有经验的一头老骆驼的感觉往前走。

不一会儿，从它们的右侧方向走出一头筋疲力尽的骆驼。原来，它是一周前就走散的另一头骆驼。五头骆驼中的一头轻蔑地说："看样子它也不是很精明啊，还不如我们呢！"

"是啊，是啊，别理它！免得拖累咱们！"另一头附和地说。

"咱们就装着没看见，它对我们可没有什么帮助。"第三头紧接着说。

"看那灰头土脸的样子……"第四头跟着说。

四头年轻的骆驼，你一言我一语，都想避开这只骆驼。这时，老骆驼终于开腔了："它对我们会很有帮助的！"

老骆驼热情地招呼那头落魄的骆驼过来，对它说道："虽然你也迷路了，境遇比我们好不到哪里去，但是我相信你知道往哪个方向是错误的这就够了，和我们一起上路吧！"

情商物语：

学会看到事物的另一面，懂得沙漠里也会有绿洲。善于吸取别人的经验教训，避免犯同样的错误，就离成功更近了。

聪聪的收获

——学会寻找失败的原因

失败实在不是什么稀罕事——最优秀的人也会失败，稀罕的是从失败中学到东西。

——海厄特

狐狸聪聪的肚子饿了，正东张西望地寻找猎物。一只粗心大意的兔子居然来到离它不远的地方吃起草来。

聪聪大喜过望。它将肚皮紧贴着草地，蹑手蹑脚地爬过去，在一个大石头的后面停了下来。它望望兔子，又望望脚下，在心中计算着离兔子的距离。然后，慢慢弓起身子，憋足劲儿，像一支离弦之箭，"嗖"地向兔子扑去。然而，它扑空了。

兔子一溜烟跑没影儿了，聪聪却没有马上离去。它一次又一次地用脚步丈量着石头与刚才兔子吃草的地方的距离，一次又一次地从石头背后向那个地方扑去，直累得浑身大汗淋漓，也不肯休息。

乌鸦看了，觉得十分好笑，在一旁讥笑说："哇，我的朋友，你是在捕捉空气吗？你如果能把空气捉住，可真是个大发明哟！以后咱们没有东西吃的时候，就捉空气来填肚子。瞧瞧，这该有多妙啊！"

聪聪认真地说："乌鸦太太，话可不能这样说。兔子没有捉住，能够找到扑空的原因也是收获啊！我不能让这个收获也跑掉呀！"

学会在失败的时候寻找失败的原因。懂得失败也是收获，是成功之母。

大石头

——学会往前看

在所有的不幸中，已经过去的幸福是最不幸的。

——波伊提乌

山坡上有一块非常光亮整洁的石头，石头周围绿草茵茵，鲜花盛开，生机勃勃。石头下方的不远处是一条碎石子路。石头居高临下，可以看到路上很多的人和牲畜。

一天，山坡下传来人们说话的嘈杂声。石头朝山坡下望去，只见很多人在用鹅卵石铺路。看这阵势，人们要用鹅卵石铺成这条路。

石头在山坡上想："我待在这儿干什么呀，我应当和鹅卵石在一起才对，它们是我的兄弟姐妹。山坡上的花草与我有什么关系，我要离开这里，到山坡下的路上去。"

想到这儿，石头自己开始滚动起来。真巧，石头自己滚到了路中间停住了。石头左右看了看，它们都是和自己差不多一样的石头。

没几天，这条路修好了。接着各种铁皮大轱辘车从路上经过，其中好些铁皮轱辘直接从这块山坡上滚下来的石头背上碾过。

此外，数不清的钉着铁马掌的马蹄踏过它，穿各种鞋的人踩过它，成群的牲畜也踏踩它。

这块曾经光滑无比的石子，现在伤痕累累，被盖在灰尘泥土和牲口粪下面，原来的面目再也看不见了。

石头痛苦极了，它后悔来到路上，后悔失去了以往天堂般的生活。

石头恨不得世上能有一种叫作后悔的药让它重返过去的生活，可是，世上还没发明这种药呢。

情商物语：＿＿＿＿＿＿＿＿＿＿＿＿＿＿＿＿＿＿＿＿

学会往前看，懂得后悔药是世上永远也买不到的一种药。

倔强的驴

——学会合理的屈服

弓满易折，月满易亏。

——《易经》

驴夫赶着驴子上路，驴夫一再叮嘱驴子走路好的一面，可是倔强的驴子偏要和主人对着干。刚走一会儿，驴子就离开了平坦的大道，沿着陡峭的山路走去。

眼看前面就是悬崖峭壁，驴夫赶紧把驴子往回拽。

"你想要干什么？不要再和我较劲了，再走下去你就没命啦！"

驴夫大声冲驴子叫道。

可是驴子仍然一意孤行，继续朝前走去。眼看驴子就要滑下悬崖了，驴夫一把抓住它的尾巴，想要把它拉上来。可是固执的驴子却挣扎着想要挣脱驴夫的双手，一直朝着悬崖的方向拼命走去。

"我不会屈服于你的，我不要你管！"驴子嗷嗷地叫着。

驴夫实在拽不住了，没有办法只好放开驴子，说道："既然你这么坚持你自己的方向，你尽管走下去好了，不过下面可不是什么好地方。好了，让你得胜吧！但那是个悲惨的胜利。"

情商物语:＿＿＿＿＿＿＿＿＿＿＿＿＿＿＿＿＿＿＿

学会合理的屈服。在走向成功的道路上，每个人都会遇到各种各样的事情，比如矛盾和争执。为了达到目的或取得理想的结果，必须学会恰当的、明智的、合理的屈服。这是一种极为明智的选择，是一种科学的处理方式。人懂得合理的屈服，就一定会无往而不胜，无事而不成。

瓦罐和铁罐

——学会勇于冒险

命运害怕勇敢的人，而专去欺负胆小鬼。

——塞涅卡

一天，闲在仓库里没事干的铁罐，对离自己有点儿远的瓦罐说："反正待着也没事，不如我们结伴去旅行吧！"

瓦罐不知道铁罐为什么会忽然对自己发出这个邀请。瓦罐想了想，可能是因为我的形状和它的相同吧，但是我们还是有很大区别的，它是用来装燃烧着的木炭的，而我是用来装水的。想来想去，瓦罐委婉地拒绝了，因为它知道，老老实实地待在家里是最安全的。于它而言，哪怕一点儿磕碰或者出现什么意外都有可能使它成为一堆碎片。

"你这么坚固，没有什么能让你受损。但是我就不行了，你的好意我心领了。"瓦罐说。

"你放心，我可以保护你。"铁罐劝说，"如果有什么硬东西要碰到你，我一定会毫无畏惧地替你挡着，这样你就可以安然无恙了！"

就这样，瓦罐和铁罐结伴上路了。但是旅行难受极了，瓦罐不仅要躲避其他的东西，还要担心铁罐离自己太近。

"请你离我远一点儿，别靠近我，因为只要你轻轻地碰我一下，我就会粉身碎骨的。"瓦罐说，"这样太难受了，我们还是终止这次旅行吧！我们不可能在一起待很长时间。"

情商物语:_____

　　学会勇于冒险，懂得成功在冒险中。古今中外，无数的事例早已证明，不敢冒风险的人，是很难获得成功的。因为风险总是与成功相伴相随。你想要干一番事业，想要博得人生的头彩，就要不惜代价，甚至要承担血本无归乃至倾家荡产的风险。

敢闯的小青蛙

——学会突破自己的小圈子

安逸和幸福，对我来说从来不是目的。

——爱因斯坦

　　一只小青蛙厌倦了常年生活的小水沟，而且水沟的水越来越少，没有什么食物了。它每天都不停地蹦，想要逃离这个地方。

　　而它的同伴整日懒洋洋地蹲在浑浊的水洼里，说："现在不是还饿不死吗？你着什么急？"

　　终于有一天，小青蛙纵身一跃，跳进了旁边的一个大河塘，里面有很多好吃的，可以自由游弋。

　　小青蛙呱呱地呼唤自己的伙伴："你快过来吧，这边简直是天堂！"

　　但是，它的同伴说："我在这里已经习惯了，我从小就生活在这里，懒得动了！"

　　不久，水沟里的水干了，小青蛙的同伴都饿死了。

情商物语:

　　学会突破自己的小圈子,懂得透过一个小窗户是看不到辽阔的天空的。每个人都有一个自己生活和工作的范围,都有自己所从事和熟悉的领域,由于个人的偏见和惰性,很多人不愿意跳出这个小圈子,改变原有的习惯。聪明的人一定要懂得扩大自己的视野和交际面,不满足于眼前的既得利益,发现更大的适合自己发展的空间,跳出一个小圈子到一个更精彩的世界去。

毛毛虫
——学会随机应变

　　地上本没有路,走的人多了,也便成了路。

——鲁迅

　　毛毛虫从小就被教导要学会跟随大虫。毛毛虫的家族里流传着一句名言:"永远跟随成功者,有经验者。"一代一代过去了,它们跟随的习性已经深入骨髓,至于跟随的原因早已忘却。

　　一天,大水把毛毛虫家族冲到一个从未到过的地方。家庭头领带着大家转来转去,找不到合适的地方。头领怎么转,其他毛毛虫也跟着怎么转。

　　一只小毛毛虫说:"咱们旁边的草丛不是很适合我们吗?"

　　别的毛毛虫白了白眼,谁也不说话。

　　又转了几圈,小毛毛虫忍不住了,于是它独自走了,剩下的毛毛虫继续跟着头领转，直到力竭而死。

情商物语：＿＿＿＿＿＿＿＿＿＿＿＿＿＿＿＿＿＿＿

学会随机应变。任何事情都不是一成不变的，所以我们要向文中那只小毛毛虫学习，决不做一个墨守成规的糊涂虫，要随形势的变化而灵活变化，做一个与时俱进的人。

三个小金人

——学会倾听

耳朵是通向心灵的路。

——伏尔泰

有个小国的使臣，来到一个大国，向该国的皇帝进贡了三个一模一样的小金人。看着金光灿灿的小金人，皇帝非常高兴。

这时，使者说道："尊敬的皇帝陛下，现在我有一个问题要问您。"

"噢！什么问题呀？"皇帝问道。

"我的问题是，这三个小金人哪个最有价值？"

"这——"皇帝一下子怔住了，他瞅了瞅这三个小金人，不知该如何回答。想了几分钟后，皇帝便让人找来了宫中最有名的珠宝匠。

珠宝匠先是称重量，接着看做工，然后看金子的质量，最后冲着皇帝摇了摇头，表示无能为力。

这下，皇帝可着急了，心想，堂堂大国，竟然被一个小国的问题给问住了，这也太丢脸了！便传下圣旨，让全国的能人都来解决这个问题。

很快，一位赋闲在家的老臣来到皇宫，说他有办法。

老臣从兜里拿出了三根稻草，先拿一根稻草，插入第一个小金人的左耳朵里，结果稻草从右耳朵里出来了。他又拿起第二根稻草，从第二个小金人的左耳朵里插了进去，结果稻草从嘴巴里直接掉了出来。随后，他拿起第三根稻草，从第三个小金人的左耳朵里插了进去，结果稻草掉进了小金人的肚子里，什么响动也没有。

老臣来到使者面前，说道："这第三个小金人最有价值，它是告诉人要多听少说。"

使者说道："你的答案非常正确。"

情商物语：———————————————————————

学会倾听。在人际交往的过程中，有些人总喜欢把持话语权，抢着当主角，他们总是在交谈时频繁打断别人，不是抢话头，就是反驳对方。这样的人在人生的道路上不会一帆风顺的，因为他总是站在自己的立场上，丝毫不顾及对方的感受。这样的人是没有人会喜欢的。要想成为一个交际高手，必须学会当一个好听众。

猴先生

——学会宽恕

能宽恕别人是一件好事，但如果能将别人的错误忘得一干二净那就更好。

——勃朗宁

有一年，动物王国闹饥荒，商店里的食品紧张起来，即使有钱，动物们也不容易买到粮食。

一天，国际动物红十字会从外地调来一袋玉米，指定用来拯救那些老弱病残的动物们。分配工作交给了猴先生。

一大早，猴先生就背着那袋玉米，挨家挨户地向动物们分发起来，当猴先生来到一个叫古古的猩猩家时，发现这只老猩猩因饿得发慌，没有力气抓住树枝而掉下来摔断了左腿，此刻正躺在床上呻吟。

猴先生赶忙从口袋里捧出一些玉米。古古见了，感激地说："猴先生，谢谢你！可我现在又渴又饿，你能不能帮我找点儿水来？"

猴先生答应了。它把口袋放在猩猩家的凳子上，拿起水桶，走了很远的山路，才找到一处山泉。当猴先生提着满满一桶水回到猩猩家时，见猩猩已睡着了，而放在它家的那袋玉米却不见了。

猴先生着急起来，因为这袋玉米能救很多动物的命，许多缺粮的家庭正等着它救命呢。

"古古，古古，你快醒醒！"猴先生急忙去摇猩猩古古的肩膀，想把它叫醒，询问那袋玉米的下落。

"吵什么吵！谁把我吵醒的？"古古睁开眼，看了一眼猴先生，

"喂，老猴儿，你来干什么？"古古好像完全忘了刚才的事。

"古古，你清醒一下，刚才我放到你家的那袋玉米到哪去了？"

"什么玉米？我连鬼影子都没有见过，更不要说玉米了。要有，我还会饿得四肢无力？"古古说完，故意很响地拍了拍干瘪的肚皮。

"古古兄弟，我知道你生活很困难，加之腿伤未好，不能外出寻找食物，但你想过没有，现在弄一点儿吃的真不容易啊，像牛奶奶、马大叔它们早就断粮了，可它们刚才还拒绝了我给的玉米，说是要留给更需要的动物们。它们现在每天只靠嚼一点儿树叶、喝一点儿凉水充饥，都快撑不住了……"

"我……我真的不知道那袋玉米被谁拿走了，我一直在睡觉。"说这话时，古古的眼神很不自在，它甚至低下了头，不敢看猴先生的眼睛。

"古古兄弟，我很同情你的处境，你再好好想想，我走后有谁来过你家没有？无论你做了什么，我都不会责怪你，现在是非常时期，大家都不容易。"猴先生边帮古古捶背边真诚地说。

古古沉默了一会儿，终于开口说道："是我，是我趁你去提水的空档，把那袋玉米拖到了床底下，实在对不起。"说完，古古揭开床罩，露出了那袋玉米。

其实，猴先生进门放下水桶时，就发现凳子到床之间撒了几粒玉米，又见玉米袋不见了，它心里便明白是怎么回事了。但它知道在这困难时期，古古这样做也是迫不得已。所以，它一直没有揭穿古古的谎言，照顾了它的自尊，而且还用真诚的劝诫让猩猩自己承认了错误，并主动交出了玉米。

学会宽恕。要以宽容的态度包容他人的过错，要懂得谅解了别人就赢得了人心。

跳河的兔子

——学会克服自卑

自卑出现了并不可怕，只要把自卑摆到桌面上来，找出自卑的原因和表现，从容面对，自卑就成了一只纸老虎，一戳就破了。

——毕淑敏

兔子的胆小是出了名的，经常受到的惊吓，总是像石头一样压在它们的心上。

有一次，众多兔子聚集在一个池塘边，为自己的胆小无能而难过，悲叹自己的生活充满了危险和恐惧。

它们越谈越伤心，就好像已经有许多不幸发生在自己身上一样，而这也成了兔子胆小的原因。到了这种地步，负面的想象便无止境地涌现出来。它们怨叹自己天生不幸，既没有力气和翅膀，也没有利齿，日子只能在担惊受怕中度过，再加上什么都听得见的长耳朵，就连抛弃一切念头大睡一觉的可能都没有，赤红的眼睛也变得更加鲜红了。

它们觉得自己的这种生活毫无意义，这成了它们自我厌恶的根源。它们觉得与其一生心惊胆战，还不如一死了之为好。

于是，它们一致决定从山崖上跳下去，了结自己的生命，结束一切烦恼。就这样决定了，它们一齐奔向山崖，想要投河自尽。

这时，一群青蛙正围着池塘蹲着，听到急促的脚步声，如临大敌，立刻跳到深水里逃命去了。

这是兔子每次到池塘边都会看到的情景，但是今天，有一只兔子突然明白了，它大声地说："我们还是回去吧！大家刚才都看到了，青蛙比我们更弱小，可是它们却还是继续勇敢地活下去，我们何必这么想不开呢？"

情商物语：———————————————————————————

学会克服自卑，勇敢地接纳自己的一切。懂得自卑阻碍发展，自信方能成事的规律。

愚蠢的鹿

——学会控制自己的欲望

自我控制是最强者的本能。

——肖伯纳

狮子生了病，睡在山洞里。它对一直与它亲密要好的狐狸说道："你若要我健康，使我能活下去，就请你用花言巧语把森林中最大的鹿骗到这里来，我很想吃它的心脏，喝它的血。"

狐狸走到树林里，看见树林里欢蹦乱跳的大鹿，便向它问好，并说道："我告诉你一个喜讯。你知道，国王狮子是我的邻居，它病得很厉害，快要死了。它正在考虑森林中谁能继承它的王位。它说野猪愚蠢无知；熊懒惰无能；豹子暴躁凶恶；老虎骄傲自大……只有大鹿才最适合当国王：鹿的身材魁梧，年轻力壮，它的角使蛇惧怕……我何必这么啰唆呢？你一定会成为国王的。

"这个消息我是第一个告诉你的，你将怎样回报我呢？如果你信任我的话，我劝你快去为它送终。"

经狐狸这么一说，鹿给搞糊涂了，便走进了山洞，丝毫没有想过会发生什么事情。

狮子猛地朝鹿扑过去，用爪子撕下了它的耳朵。

鹿拼命地逃回树林里去了，狐狸辛辛苦苦白忙了一场，它两手一摊，表示毫无办法了。狮子忍着饿，叹惜起来，十分懊丧。

狮子请求狐狸再想想办法，用计把鹿再骗来。狐狸说："你吩咐我的事太难办了，但我仍尽力去帮你办。"于是，它像猎狗似的到处嗅，寻找鹿的足迹，心里不断想着坏主意。狐狸问牧人们是否见到一只受伤流血的鹿，他们告诉它鹿在树林里。

这时，鹿正在树林里休息。狐狸丝毫不觉得羞耻地来到它的面前。

鹿一见狐狸，气得毛都竖了起来，说："坏东西，你休想再来骗我了！你再靠近，就别想活了。你去欺骗那些没经验的，叫它们去做国王吧。"

狐狸说："你怎么这样胆小怕事？你难道怀疑我，怀疑你的朋友吗？狮子抓住你的耳朵，只是垂死的它想要告诉你一些关于王位的忠告与指示罢了，你却连那衰弱无力的手抓一抓都受不了。现在狮子对你非常生气，要将王位传给狼。那可是恶狼呀！快去再跟狮子商量一下吧，不要害怕。我向你起誓：狮子决不会害你，我将来也专门伺候你。"狐狸再一次欺骗了可怜的鹿，并说服了它。

鹿刚进洞，就被狮子抓住饱餐了一顿，并把它所有的肉、脑髓和肚肠都吃光了。

狐狸站在一旁看着，鹿的心脏掉下来时，它偷偷地拿过来，把它当作自己辛苦的酬劳吃了。

狮子吃完后，仍在寻找鹿的那颗心。狐狸远远地站着说："鹿真是没有心，你不要再找了。它两次走到洞里，送给您吃，怎么还会有心呢！"

情商物语:———————————————————

学会控制自己的欲望。常言道：不属于你的不要强求。我们每天都会受到各种各样物质上和精神上的诱惑，但不可能你全部都能占有。所以，当你追求成功的时候，一定要量力而行。

老鸵鸟的讲演

——学会看到自己的弱点

感到自己渺小的时候，才是巨大收获的开始。

——歌德

一天，一只具有权威、态度严厉的老鸵鸟，向年轻的鸵鸟讲演，说它们比其他一切物种都优越。所有的听众都附和道："说得好！说得好！"只有富有思想的鸵鸟奥利弗没有欢呼。它说："我们也是有缺点的，比如，我们不能像蜂鸟那样向后飞。"

"蜂鸟向后飞是撤退。"老鸵鸟说，"我们永远向前进代表我们高贵的精神。"

"说得好！说得好！"其他所有鸵鸟都叫喊起来，除了奥利弗。

"我们可以用4个脚趾走路，而人得10个才行。"老鸵鸟骄傲地说。

"可是，人可以坐着飞行，而我们却不能。"奥利弗说。

老鸵鸟严厉地看了看奥利弗："人虽然可以飞得很快，但因为地球是圆的，所以我们很快就能赶上他们！"

"说得好！说得好！"其他鸵鸟又叫喊起来，除了奥利弗。

"在危险的时刻，我们可以把头埋进沙子里，而使自己什么也看不见。"老鸵鸟慷慨激昂地说，"别的物种都不能这样。"

"我们怎么能知道我们看不见别人，别人就不能看见我们呢？"奥利弗问道。

"胡扯！"老鸵鸟叫道。

除了奥利弗，其他鸵鸟也跟着喊叫："胡扯！"但它们并不知道"胡扯"是什么意思。

就在这时，鸵鸟们突然听到一阵奇怪的声音，并且越来越近，这是一群大象正迅速向这边奔跑。惊恐万状的老鸵鸟及其他鸵鸟都迅速地把头埋进沙子里，奥利弗则迅速躲在了一块巨石后面。等象群过后，奥利弗看到一片片的白骨和鸵鸟毛——这些都是那个自以为比其他物种都优越的老鸵鸟及那些人云亦云的鸵鸟们留下的。

情商物语：＿＿＿＿＿＿＿＿＿＿＿＿＿＿＿＿＿＿＿＿

学会看到自己的弱点。任何人都有优点和缺点。但是，许多人却只看到自己的优点，看不到自己的缺点，把自己看成是完人，总是自高自大，甚至一意孤行。这种行为对人来说，是有百害而无一利的。

找不到泉水的老牛

——学会听取不同的意见

听多数人的意见，和少数人商量，自己做决定。

——佚名

老牛听说附近有一眼甘水泉，水清味甜。它多么想一步踏到甘水泉边，美滋滋地痛饮一顿啊。于是，它便向正西方向去找。它翻了一个又一个山岗，穿过一片又一片树林，跑了一个上午，连甘水泉的影子也没看见。它浑身大汗，又饥又渴又累，一步也不想动了。

小松鼠看着老牛的狼狈相，关切地问："牛大哥，怎么累成这个样子？快来歇会儿吧！"

老牛素来瞧不起松鼠之类的小动物，实在不愿与它们费口舌，只冷冷地哼一声，又向前走去。

小松鼠很奇怪，追上前又问："牛大哥，你这是往哪里去啊？"

"找甘水泉。"老牛没好气地回答。

"哎呀，牛大哥，你走错路了。甘水泉在东边，你正好与甘水泉背道而驰，快回头走吧。"

老牛对小松鼠的劝告无动于衷，头也不抬，依旧默默地向前移动。

在一旁吃草的山羊也忍不住走过来拦住老牛，劝道："牛大哥，松鼠小弟讲得一点不假，甘水泉真的在东边。今天早晨我在那儿喝过水，快点儿回头走吧。"

老牛不耐烦了，昂起头，一双眼睛冒着怒气，睁得又圆又大，瞪着这两位热心的伙伴，气愤中带着十足的傲气说："我们牛素来以矢志不渝、坚韧不拔的美德著称于世，想叫我丢掉传统的美德吗？妄想！牛没有走回头路的习惯，只有那些可怜虫才爱走回头路！"说完，依旧低下头，喘着粗气，沿着原来的方向艰难地挪动着疲惫不堪的躯体。

小山羊和小松鼠望着老牛的背影，异口同声地说："去吧，可怜的有志者，到死你也不会找到甘水泉的。"

情商物语：＿＿＿＿＿＿＿＿＿＿＿＿＿＿＿＿＿＿＿＿

学会听取不同的意见。很多时候，我们自己在决策时，常常会固执己见，犯下各种各样的错误。这时，我们就要学会听取来自各个方面的不同的声音，吸纳别人的见解，从他们的建言里发现正确的思路和方案。

猴子的错话

——学会把握说话时的用词

节食则无疾，择言则无祸。

——何坦

猴子记者准备晚上和朋友聚餐，但临时被派去参加老虎的记者会，它只好取消和朋友的约会。

但是不久接到通知，由于老虎的孩子被猎人杀了，记者会临时取消了。猴子很高兴地告诉它的朋友："好消息，那个老虎的孩子死了，记者会取消，我们可以一起吃饭了。"但是，话一说完，它就发觉自己说错话了，别人的孩子死了怎么会是好消息呢？

情商物语：＿＿＿＿＿＿＿＿＿＿＿＿＿＿＿＿＿＿＿

学会把握说话时的用词。一个人要想成功，必须要学会说话，提高语言表达能力，时时刻刻都要注意自己说活的用词是否准确，绝不可随意"放炮"，无所顾忌地说话。

搬石头的人

——学会依靠集体的力量

能用众力则无敌于天下矣；能用众智则无畏于圣人矣。

——孙权

一个人独自修理家里的院落，需要用许多大的石块砌起一堵墙。

一开始工作进展得很顺利，石头一块块地堆砌好了，最后只要将一块大石头垒上墙头就算大功告成了。然而，这块石头太大了，搬起来十分费力。但他还是下定决心，想将它搬上去。他用手推、肩扛、膝盖顶，想尽了一切办法，但还是失败了。

他仍然不服输，依然使出全身的力气去搬石头。糟糕的事情发生了，石头滚落下来，重重地砸在他脚上，血流满地。

看到这情景，一位邻居走过来，笑着说："你还没有竭尽全力。"

"我没有竭尽全力？"他疑惑不解，自己费了九牛二虎之力，怎么能说没有竭尽全力呢？

邻居说："是的，你没有用尽你所有的力量，你只是一味地考虑自己个人的力量。其实你只要积极地去思考，就会发现还有许多解决问题的方法。比如，寻求别人的帮助，同样是你能够做得到的……"

在邻居的招呼下，另外几位邻居都走过来，他们一起抬起那块石头，轻轻松松地将它放在了合适的位置上。

情商物语：＿＿＿＿＿＿＿＿＿＿＿＿＿＿＿＿＿＿＿＿

　　学会依靠集体的力量。一个人在社会中不能孤立地生存，必须与他人进行合作，想要事业有成，尤其要明白这一点。任何人如果脱离了集体，没有了外界的帮助，想要凭个人的能力取得成功，可能性是微乎其微的。只有学会依靠集体的力量，抱团取暖，才能顺利地实现目标。

害羞的月亮

——学会欣赏别人

　　一个永远也不欣赏别人的人，也就是一个永远也不被别人欣赏的人。

——汪国真

　　普天下的人们都说太阳好，说太阳在万物中功劳第一。月亮听了，很不服气。

　　月亮心想：太阳有什么了不起，一团烈火罢了，就是有些本领，也不值得享有这等荣誉。

　　一天傍晚，月亮刚刚升起，看见一群逛公园的人。月亮问道："你们说太阳好吗？"

　　"好什么呀！"游人们回答说，"白天，太阳晒得人真难受，只好晚上出来逛公园。"

　　又一天傍晚，月亮看见一群姑娘，打扮得花枝招展，准备去参加晚会。月亮问姑娘们："你们说太阳好吗？"

"好什么呀！"姑娘们回答说，"太阳光把我们的脸都晒黑了，汗水也把新衣裳浸透了。"

又有一天，月亮碰见一群旅行回来的小学生，他们排着长长的队伍疲倦地走着。月亮问孩子们："孩子们，你们说太阳好吗？"

"好什么呀！"孩子们说，"在阳光下走路真苦，我们走得又渴又累。"

月亮听了这些话，更不佩服太阳了。

当太阳休息的时候，月亮当空高悬，她散发着清澈而柔和的光辉，照得大地像被水洗过似的。

人们看看头顶上的月亮，开心地笑了。他们搬着椅子出来，在院子里乘凉，姑娘们走出家门，手挽着手在街头漫步说笑，孩子们互相追逐，在大树下做游戏……

月亮看见人们在月光下那么轻松愉快，心想：功劳最大的，应该是我月亮！

于是，月亮决定去找太阳评理，她要和太阳分个高低。

这天太阳还没落山，月亮就提早升起来了。她远远地看见地上有一群人——有男的，有女的，有老人，也有孩子，他们望着一片长势苗壮的庄稼赞叹，冲着太阳道谢：

"太阳真好！要是没有太阳，哪能长出这样好的庄稼！"老人们说。

"太阳真好！要是没有太阳，哪能打那么多的粮食！"姑娘们说。

"太阳真好！要是没有太阳，没有庄稼，没有粮食，人们全都得饿死！"孩子们说。

月亮听了，羞愧难当，觉得自己原来的想法很无知。自己真应该好好地欣赏太阳呀！应该好好地向太阳学习，也为人类做点儿实事。

情商物语：_____

学会欣赏别人，懂得人人都有可爱的闪光点。不被偏见遮蔽了双眼，要学会发现美；要明白人外有人、天外有天。善于欣赏别人并向对方学习，是一个人拥有高情商的重要表现之一。

征友启事

——学会求同

谁要求没有缺点的朋友，谁就不会有朋友。

——伊索

小牛犊怪孤单的，一心想找个朋友。

它贴出了一张"征友启事"。上面写道："我想找个朋友，希望能陪我一起吃草、一起玩耍、一起晒太阳，一起学耕田。谁能做到以上几点，欢迎联系……"

"征友启事"刚刚贴出，大伙儿就争着去看。可是，山羊、猎狗、花猫和马驹，一个个兴奋地走来，又一个个摇着头离开了……

结果，小牛犊一个朋友也没找到。

"唉，世界这么大，怎么连一个朋友也找不到？"小牛犊向老牛诉苦。

老牛听完小牛犊的怨言，笑着教给了它一个办法。

第二天，小牛犊又贴出一张"征友启事"："我想找个朋友，希望能陪我一起吃草，或者一起玩耍，或者一起晒太阳，或者一起学耕田。谁只要能做到以上一点，就欢迎前来联系……"

新的"征友启事"刚一贴出，牛栏前就热闹起来。大家把小牛犊团团围住：

山羊说："让我同你一起吃草！"

猎狗说："让我跟你一起玩耍！"

花猫说："让我陪你来晒太阳！"

马驹说："让我伴你学习耕田！"

……

只一会儿，小牛犊就有了许多朋友。

从此，小牛犊懂得了一个道理："对朋友求全，就会失去所有的朋友，对朋友求同，才会找到许多朋友！"

情商物语：_____

学会求同。任何人都不可能是完人，因此，要学会与拥有不同本领和特点的人打交道。要善于发现每个人的独特优势，认同他人的优势，形成趋同的态势。据此，则事业顺畅，帮衬者众多；反之，则失道寡助，离之者亦众多。

第三Q：捧起不发芽的花盆

帮助青少年学会锤炼修养、塑造品格的德商 (MQ) 物语

小胜凭智，大胜靠德。

——蒙牛乳业集团创始人　牛根生

球赛

——学会做事先做人

小胜凭智，大胜靠德。

——牛根生

动物王国正在进行一场足球比赛，两支球队为一决雌雄而拼搏着。

看台上，熊猫对长颈鹿说："甲队的前锋猩猩真棒！竟然在一场中踢进了两个球，真了不起！"

长颈鹿回答道："是啊，太伟大了，简直就是一个奇迹！我看今年的足球先生非它莫属。"

"我看未必，"一只老山羊摸摸胡子说，"虽然它的球踢得很棒，但它不懂得与队友配合，故意绊倒对方的球员，还对裁判不恭。"

德商物语：_____

学会做事先做人，懂得越是遵守作为人所应遵守的基本道德规范，就越能成为一个大写的人。而这样的人，事业会很顺畅，成功的路也会更宽阔。

竹高葱翠

——学会有一分力发一分光

一个人的价值，应当看他贡献什么，而不应当看他取得什么。

——爱因斯坦

竹林边有一块菜园，林里长着小竹，园里长着小葱。

小竹日生夜长，几天工夫就冒高一大截。

小葱虽然长得青青的，很可爱，可就是好几天也没长高几寸。

小竹们急了，说："小葱朋友，这样下去可不行呀，老不见你们长高，难道不想冲上天来与我们比试比试吗？"

"我们一辈子也长不到一尺，哪能冲上天和你们比呢！"小葱们笑着回答。

小竹们怔了一下，一个个露出鄙夷的神色："你们既然不能上天，那还钻出地来干什么？""活着不能顶天立地，我们宁可烂死在地下！""你们太不争气了，这样活着多没出息啊！"

小葱们听了小竹兄弟的议论，并没有垂头丧气，反而自豪地说："不，小竹兄弟，我们敬佩你们的奋发和进取，但我们也有自己的心愿，不能上天，就脚踏实地，只要能为人类的生活增添一点儿色彩，不也挺有意义吗？"

德商物语：————————————————————

学会有一分力发一分光，懂得尽自己所能，脚踏实地地奋斗是成功者必须具备的素质。

这是你的房子

——学会敬业

> 一个人如果对自己的职业坚信不疑，如果不心怀二志，他的心里就只知道有这个职业，只承认这个职业，也只尊重这个职业。
>
> ——托马斯·曼

有个老木匠准备退休，他告诉老板，说要离开建筑行业，回家与妻子儿女享受天伦之乐。

老板舍不得做得一手好活计的老木匠走，再三挽留，木匠决心已下不为所动。老板只好答应，但问他是否可以帮忙再建一座房子，老木匠答应了。

在盖房的过程中，大家都看出来了，老木匠的心已不在工作上了。用料也不那么严格了，做出的活计也全无往日水准。老板并没有说什么，只是在房子建好后，把钥匙交给了老木匠。

"这是你的房子。"老板说，"是我送给你的礼物。"

老木匠愣住了，他后悔极了，羞愧难当，恨不得找个地缝钻进去。老木匠一生盖了无数的好房子，最后却为自己建了这样一栋粗制滥造的房子。

德商物语：

学会敬业，懂得无论做什么事都必须全身心地投入，做到一心一意并善始善终。

小偷和看家狗

——学会忠诚

忠诚你的所爱，你就会得到忠诚的爱。

——莎士比亚

一个农夫养了一条狗。每天农夫都会带着狗到田里工作，夜里狗负责替主人看门，以防止歹徒闯进家里。农夫对狗十分友善，所以狗也很尽责地替主人看门。

一天晚上，农夫和家人早已经熟睡，只留下那条狗守在门外。这时候，一个小偷蹑手蹑脚地走近农夫的家，然后翻过围墙，跳进庭院。狗看见有个黑影闪过，猜想是有人闯进来了，于是大声叫起来。

小偷听到狗一直叫个不停，怕这条狗会坏了他偷东西的计划，于是从口袋中拿出一块面包丢到狗的面前，然后悄悄地对狗说："嘘！别再叫了，这块面包给你。"

狗看了小偷一眼心想："你太小瞧我对主人的忠诚了！另外，你的企图我还会不清楚吗？你给我面包的目的就是希望我别把主人惊醒，好让你顺利偷走主人的财产。如果你偷走主人的所有财产，那么我就会因此受到牵连，遭到主人的责罚，没有好日子过；或者你将主人一家人都杀了，那么，这块面包可能就是我最后的食物，我再也无法活下去；如果你真的好心，因为担心我肚子饿而给我面包吃，以此让我心生感动，那你就错了！我不会为了一块面包而忘记自己的任务。我就是要把我的主人叫醒，告诉他有陌生人来侵犯。

小偷看到狗仍然狂吠不已，只好放弃计划，飞快地逃跑了。

德商物语:————————————————————

学会忠诚，懂得背叛他人就是背叛自己。拥有忠诚就是拥有了操守，拥有了风骨，拥有了良心，拥有了道义，更拥有了做人的根本。

老鼠与狗

——学会拥有责任心

一个人若没有热情，他将一事无成，而热情的基点就是责任心。

——列夫·托尔斯泰

一群老鼠爬上桌子准备偷肉吃，却惊动了睡在桌边的狗。老鼠们和狗商量，说："你要是不声张，我们可以弄几块肉给你，咱们共享美味。"狗严词拒绝了老鼠们的建议，说："你们都给我滚，要是主人发现肉少了，一定怀疑是我偷吃的，到那时我就会成为案板上的肉了。"

德商物语:————————————————————

学会拥有责任心，懂得"责任"二字的分量重千金。凡是有责任心的人都是勤奋且有毅力的人，而这样的人才能最终登上事业巅峰。

蚂蚁和麦粒

——学会言而有信

言必信，行必果。

——孔子

这是一粒被人们遗落在田间的麦粒，它祈求着天空快些降下雨水，好让它在严寒袭来之前钻进那潮湿的泥土里。

匆匆赶路的蚂蚁碰见了它，蚂蚁对这个意外的发现非常高兴，毫不犹豫地把这粒沉甸甸的麦粒背在背上，步履艰难地向蚁窝走去。

蚂蚁急急忙忙地赶路，一步也不想耽搁，因为它必须赶在天黑前回到自己的家里。谁知背上的麦粒越来越重，累得它背脊发痛，浑身冒汗。

"你为什么要如此卖力呢？请你把我放下来吧！"麦粒恳求道。

"要是把你放了，"蚂蚁气喘吁吁地说，"我们冬天就只能喝西北风了。我们蚂蚁王国人口众多，每个成员都应该尽最大的努力寻找食物，千方百计增加蚂蚁窝里的粮食储备，否则冬天一到，大家就只有挨饿了。"

麦粒想了想，回答说："你真是一个勤快的实干家，你的集体主义精神我是敬佩的，你的担心我也是理解的。聪明的蚂蚁，也请你理解理解我，仔细听我把话说完好吗？"

蚂蚁也想稍事休息一会儿，便同意了。它从背上卸下这个沉重的粮食包袱，坐下来休息。

麦粒说："在我的身上蕴藏着了不起的力量，我的任务是创造新的生命，你应该懂得这些的。让我们做个约定吧。"

"什么约定？"蚂蚁边喘气边问道。

"是这样的，"麦粒认真地解释说，"如果你不把我背到蚂蚁窝里去，而把我留在田野上，那等到明年的这个时候，我将赠送你一百颗像我这样的麦粒！"

蚂蚁惊讶不已，疑惑地连连摇头。

"相信我吧，亲爱的蚂蚁，我讲的全是真心话！只要你能放下我并等待一段时间，我一定会实现自己的诺言，百倍地报答你的，你的蚂蚁伙伴也绝不会吃亏的。"

蚂蚁敲敲后脑勺沉思起来，心里在想："一颗换一百颗，这种好事只有在童话里才有过。"

"那么，请你告诉我，你准备怎么做呢？"蚂蚁抑制不住内心的好奇，疑惑地问。

"请相信我吧！"麦粒回答说，"这是生命的巨大秘密。现在请你挖一个小坑把我埋起来，夏天你再来看吧！"

蚂蚁看到麦粒态度诚恳，丝毫没有骗人的样子，就半信半疑地答应了麦粒的请求，心里却暗暗在想，反正就只有一颗麦粒，自己还可以再找，就试一试吧。

第二年的夏天，蚂蚁抱着狐疑的心态，再次来到当初埋麦粒的地方。没想到诚实的麦粒果真履行了自己的诺言，赠送给它一百颗麦粒。

德商物语：＿＿＿＿＿＿＿＿＿＿＿＿＿＿＿＿＿＿＿＿＿＿＿

学会言而有信，懂得遵守诺言，不虚伪不欺诈，一定会有所作为并受人尊重的。

大债主与小债主

——学会宽容

> 宽容产生的道德上的震动，比责罚产生的要强烈得多。
>
> ——苏霍姆林斯基

很久以前，有一个人欠了另一个人一百两银子。当债主来讨债的时候，这个人一点儿也偿还不起，钱也没有，物也没有。于是这个大债主就要求欠债人把他和他的妻子儿女，以及一些另外的家产什么的，全都卖了还他的债。

欠债人无可奈何，只有俯伏在地，哀求大债主。他说："好人啊！请宽容我吧！我对天发誓，欠的债我将来一定会想办法还清的。宽容我吧，我决不会赖账的。"

大债主看他那副可怜巴巴的样子，就动了仁慈之心，把他放了，并且免了他所欠的一切债务。

那欠债人出来到街上，突然遇见了他的一个同伴。这个同伴欠他十两银子，他忽然发现自己其实也是个小债主。他一见着欠钱的人，立即上前揪着他，掐住他的喉咙，吼叫着："快把你欠我的十两银子还给我！"

他的同伴俯伏在地上央求他，说："请宽容我吧，将来我一定如数还清欠你的银子，一分也不会少。"

可是这个小债主一点儿也不为所动，忘记了那个大债主刚才宽容了他，竟不顾一切地把欠账的人送到监狱里，一直到还清了他的债，才放过他。

他的邻居和周围的人都看不惯他的所作所为，对他的行为很气愤，亲人朋友们对此也很担忧。后来，有人把这件事告诉了那个大债主。于是，那个大债主就把这人叫到跟前，对他说："你这可恶的人，你哀求我的时候，我宽容了你，把你所欠的债务全部都免了；可你为什么不能像我怜恤你一样，怜恤你的同伴呢？"

这位大债主很愤怒，也同样把他送到了监狱里，等到他还清了所欠的债务后才放他出来。

德商物语：＿＿＿＿＿＿＿＿＿＿＿＿＿＿＿＿＿＿＿＿

学会宽容，懂得宽广的心胸最能体现人的风范，容人的大气最能彰显人的伟岸。凡事抱宽容的态度，不仅让人敬重，而且会使生活中的矛盾变少，使社会更和谐。

不吃梨的学者

——学会自律

自制力支配着我们的欲念——自制力知道，最有分寸的欲望并不是为所欲为，而是适可而止。

——塞涅卡

有一个学者名叫许衡，有一天，他跟伙伴们来到了一个地方。这一带刚刚发生过一场战争，房屋倒塌，不见人迹。

此时，正值夏天，天气非常炎热，大家顶着火辣辣的太阳走在路上，一个个全都汗流浃背。大家想找个地方乘凉，可是这里连一棵树也没有；想要解渴也没有找到水井。因为在战争期间，水井都被废墟填塞了。

就在大家疲惫不堪的时候，有一个伙伴用手指着前方大声喊了起来："你们快看啊，前面有一棵大梨树。"大家一听，精神全都为之一振，立即朝那人指的方向看去。果然，在前面不远的路旁，有一棵枝叶茂密、结满了大黄梨的梨树。于是，大家都朝那棵梨树跑了过去。伙伴们站在树底下，有的摘，有的吃，闹闹嚷嚷地吵叫一片。

这个时候，许衡虽然也饥渴难忍，但他始终没有动树上的一个梨，而是捡了一块石头，独自在树荫下坐了下来，撩起衣襟不断地扇风。

一个和他关系非常要好的伙伴用胳膊肘碰了许衡一下，然后说："你还愣着干什么？这梨又甜又脆，还不赶紧摘几个解解渴！"

许衡摇了摇头，非常认真地回答道："不行，梨的主人没在这儿，哪能这样随便吃人家的东西呢！"

听了许衡的这番话，周围的人都感到好笑。有一个人讥笑道："你读书真是读傻了，现在是什么时候，还找什么主人啊？这么大的战争，村子里都墙倒房塌，连个指路的人都难找到，去哪里找这梨的主人——"

听了伙伴们的讥笑，许衡用手指了指自己的胸口，诚恳地说："梨虽然没有主人，难道我自己的心里也没有主人吗？"

众伙伴听了，顿时哑口无言。

德商物语：————————————————————

学会自律，懂得一个严于律己、善于约束自己的人，一定是一个拥有良好习惯且善于战胜自我的人。越是拥有自控能力，越能获得成功。

狐狸骗葡萄

——学会有主见

我们必须相信有充分证据的事情，没有证据的时候就要保留自己的判断。

——卢伯克

森林里长了一株葡萄树。起初，动物们并没有发现它。当这株葡萄树一年年长大，并结出了一串串又紫又大的葡萄时，惊动了森林中的动物们。它们都跑到葡萄架下，仰着头争相来看那一串串紫葡萄。清晨的阳光把葡萄照得晶莹透亮，闪着诱人的光彩。

动物们没有吃过葡萄，自然不知道葡萄是酸还是甜。

第一个发现葡萄的小猴子爬到葡萄架上，想摘一串尝尝。

"不能吃，千万别吃！"一只红毛狐狸大声对小猴子说。狐狸吃过葡萄，知道葡萄非常好吃，但它爬不上去，就在下边喊："你不知道，这葡萄酸极了，只能看，不能吃！"

经狐狸这么一说，动物们一传十，十传百，都知道葡萄不能吃了。

每天，动物们从葡萄架下经过，只是看看，没有一个动物认为它可以吃。每次走过，大家都会惋惜地说一句："真可惜，长得多好看，却不能吃。"

一大串一大串的紫葡萄越长越熟。

一个月过去了，葡萄树经历了一次次风雨。终于有一天，一场大风把葡萄树刮倒了，一串串葡萄掉落在地上。

动物们从葡萄树旁经过，都惋惜地说："真可惜，葡萄树倒了以后，再也不能欣赏葡萄了。"

然而，谁也不知道，早就等待机会的狐狸，趁着夜色把葡萄全部搬到了自己家里。望着一大堆葡萄，狐狸美坏了。它吃了整整十大串，高兴地又唱又跳："哈哈，葡萄真甜，真好吃！哈哈，哈哈！"

可是，那些受了骗的动物们，仍然认为葡萄是酸的，只能看不能吃。

德商物语：

学会有主见，懂得任何时候都应该保持自己的判断和立场，不因别人的意见或说法而动摇。

夹在小面包里的金币

——学会感恩

人家帮我，永志不忘；我帮人家，莫记心上。

——华罗庚

在一个小镇上，饥荒让所有贫困的家庭都面临着危机。因为对于他们来说，最基本的温饱问题都难以解决。

小镇上最富有的人要数面包师卡尔了，他是个好心人。为了帮助人们度过饥荒，他把小镇上最穷的 20 个孩子叫来，对他们说："你们每一个人都可以从篮子里拿一块面包，以后你们每天都在这个时候来，我会一直为你们提供面包，直到你们平安地度过饥荒。"

那些饥饿的孩子争先恐后地去抢篮子里的面包，有的为了能得到一块大点的面包，甚至大打出手。他们心里只想着要得到面包。当他们得到的时候，立刻狼吞虎咽地把面包吃完，甚至都没有想过要感谢这个好心的面包师。

面包师注意到一个叫格雷奇的小女孩。她穿着破旧不堪的衣服，每次都在别人抢完以后，她才到篮子里去拿最后的一小块面包，然后她总会记得亲吻面包师的手，感谢他为自己提供食物。但是她并没吃那块面包，而是拿着它回家了。面包师想：她一定是回家和自己的家人一起分享那一小块面包了，多么懂事的孩子呀！

第二天，那些孩子和昨天一样都在抢夺较大的面包，可怜的格雷奇最后只得到了昨天一半大小的面包。但她仍然很高兴。她亲吻了面包师的手后，依旧拿着面包回家了。回到家，当她妈妈把面包掰开的时候，一个闪耀着光芒的金币从面包里掉了出来。

妈妈惊呆了，对格雷奇说："这肯定是面包师不小心掉进去的，赶快把它送回去吧！"

小女孩拿着金币来到了面包师的家里，对他说："先生，我想你一定是不小心把你的金币掉进了面包里，幸运的是它并没有丢，而是在我的面包里，现在我把它给你送回来了！"

面包师微笑着说："不，孩子，我是故意把这块金币放进最小的面包里的。我并没有故意想要把它送给你，我希望最文雅的孩子能得到这块金币。是你选择了它，现在这块金币是你的了，算是对你的奖赏。希望你永远都能像现在这样知足、文雅地生活，用感恩的心去面对每一件事。回去告诉你妈妈，这个金币是一个善良文雅的女孩应该得到的感恩奖赏！"

德商物语：————————————————————

学会感恩，懂得感恩的人总是内心充满爱，内心充实又丰富。感恩是一种高尚的美德，也是每个人不可或缺的处世哲学。常怀感恩之心的人，一定是一个谦和而可敬的人，一个逐步走向成功的人。

开屏的孔雀
——学会分辨吹捧

君子处其实，不处其华；治其内，不治其外。

——张居正

一只黑不溜秋的秃鼻子乌鸦见孔雀披着闪光的绿羽衣，拖着一条五彩斑斓的长尾巴，嫉妒得要死，千方百计想要当众羞辱它一番。

这天，秃鼻子乌鸦邀百鸟们去拜访孔雀。寒暄一番之后，秃鼻子乌鸦装作毕恭毕敬的样子，上前吹捧孔雀道："孔雀大哥，天下再没有什么鸟儿比您更漂亮了，就是天国花园里的金凤凰，也不及您的万分之一哩。我敢用我的名誉担保，您那镶嵌着宝石的光彩夺目的羽屏，一旦张开，定教那日月增辉、山河添彩。孔雀大哥呀，难得今天百鸟齐集在这里，您就张开美丽的羽屏，让大家欣赏欣赏，开开眼界吧！"

孔雀被秃鼻子乌鸦一吹捧，早就昏了头啦，一听要它展开羽屏，便忙不迭地把尾巴张得大大的，一边慢慢地旋转着身子，一边得意忘形地问鸟儿们看清楚没有。

"孔雀大哥撅起尾巴，叫我们看它的臭屁股，大家看清楚了吧？！哇，哇，哈哈……"当孔雀忘乎所以的时候，秃鼻子乌鸦突然指着孔雀的屁股高声嚷起来，说罢哈哈大笑，声音像哭丧一样可怕。

"当着这么多的客人面露出屁股，真不害臊！"不知谁骂了一句，鸟儿们有的跟着骂，有的捧着肚子在笑。

想要你出丑的人，往往当众吹捧你。这时，你的头脑千万要清醒，切勿在众目睽睽之下飘飘然地仰起自己的脸。

德商物语：＿＿＿＿＿＿＿＿＿＿＿＿＿＿＿＿＿＿＿＿＿

学会分辨吹捧，懂得接受吹捧、盲目自信是前进路上的绊脚石。凡是喜欢被别人吹捧的人，必然是骄傲自满、虚荣自卑的人。而善于分辨吹捧的人，一定是低调上进、脚踏实地的人。

兄弟竞争

——学会取长补短

以人之长补己短，以人之厚补己薄。

——刘向

有个父亲是个造车的，他有两个儿子，他把自己全部的手艺都传给了两个儿子。

不久他发现：大儿子车轱辘造得比较好，特别是车轴，手艺是青出于蓝而胜于蓝；小儿子造车身非常有经验和技巧，无论是车身横梁的平衡水准，还是车身的款式，都比父亲所造的车身更精巧、更美观。

因此，四面八方的车店老板都慕名而来，订购他儿子们做的车身和车轱辘。

时间长了，弟兄两个心里有想法了。哥哥开始笑话弟弟的车轱辘做得不到位，弟弟也开始指责哥哥的车身做得不够精美，兄弟两个开始竞争起来，各自为政。

父亲很快就发现兄弟俩的不和。他赶紧把他们俩叫过来，一边拥抱着孩子一边说："我希望你们都好好想想，虽然你们一个轱辘做得好，一个车身做得好，但是那都只是车的一部分啊，你们只有互相帮助，联合起来，各自发挥所长，才能造出最好的车啊！"

德商物语：＿＿＿＿＿＿＿＿＿＿＿＿＿＿＿＿＿＿＿＿＿

学会取长补短，懂得用别人的长处来弥补自己的短处既是一种达观的境界，更是一种走向成功的智慧。

开店

——学会对别人负责

这个社会尊重那些为它尽到责任的人。

——梁启超

耗子开了一家油店，狐狸开了一家酸奶店，小猪开了一家豆腐店。

耗子卖的油价格很便宜，但油是从下水道的泔水里提炼出来的。耗子想：反正是卖给别人，自己又不吃这样的油，管他呢！

狐狸卖酸奶，如果当天没卖完，就把上面的日期标签撕下来，改成第二天的日期标签，再继续卖，也不管酸奶有没有变质。狐狸想：反正是卖给别人，自己又不喝过期的酸奶，管他呢！

小猪的豆腐坊里，污水横流，苍蝇飞舞，有的还掉进豆浆里，它连看都不看。小猪想：反正是卖给别人，自己是不会吃这样的豆腐的，管他呢！

有一天，耗子、狐狸和小猪都生病了，同时到医院去看病。

山羊大夫问耗子："你是怎么搞的？"

耗子回答："我今天早上喝了一瓶酸奶以后，就感觉有点儿不对劲了。"

山羊大夫又问狐狸："你是怎么搞的？"

狐狸回答："我好像是吃了豆腐以后，就感觉有点儿难受。"

山羊大夫又问小猪："你是怎么搞的？"

小猪回答："我昨天买了一壶油，用它炒菜，吃过以后就感觉不舒服了。"

山羊大夫一一给他们开了药。而这时，耗子、狐狸和小猪却都低下了头。

德商物语：_____

学会对别人负责，懂得对他人负责就是对己负责。心中装有他人的人，一定是一个有爱心的人；而凡是时刻能为别人着想的人，必定是一个拥有高尚品格和良好德行的人。

擦痰的兔子

——学会勇于认错

知错就改，永远不嫌迟的。

——莎士比亚

"丁零零——"上课铃响了，教语文的绵羊老师走上讲台，响亮地喊了一声："上课！""起立！""同学们好！""老师好！"

大家坐下来了，只有鸡同学依旧站着。"鸡同学，请你坐下。"绵羊老师冲它点了一下头，示意它坐下。可鸡同学仍然没有动，也没有说话，只是生气地望着身边的椅子。大家都奇怪地望着它，探头一看，呀！不知是谁搞恶作剧，在它椅子上吐了一口痰。

绵羊老师走过来，看到了椅子上的痰，气得脸色都白了。它回到讲台，猛地一拍讲桌，大声问道："这是谁干的？"同学们全都吓了一跳，没想到一向和蔼可亲的绵羊老师会如此生气。"是谁？主动站起来承认！"绵羊老师的声音更高了。教室里静悄悄的，同学们大气都不敢出。绵羊老师索性不说话了，在黑板上重重地写了两个字："是谁？"大大的问号是那样刺眼。

这时，坐在鸡同学旁边的兔同学慢慢地站了起来，几十双眼睛"刷"地投去诧异的目光。难道是中队长兔同学？不会吧，它可是助人为乐的典范，老师的得力助手，每次中队会的主持活动都少不了它的身影，它会干出这种事？大家都惊呆了，绵羊老师也惊讶得说不出话来。

兔同学低着头，用沙哑的声音怯怯地说："对不起，我感冒两天——我——不是故意的。"

说完，就离开座位，慢慢地走到鸡同学的旁边，默默地掏出手绢，弯下腰轻轻地擦去痰，又用纸巾把整个椅子擦了擦。做完这一切，它向鸡同学点了一下头，满脸歉意。

绵羊老师先是一怔，接着便带头鼓起了掌，霎时全班掌声如雷。

德商物语：＿＿＿＿＿＿＿＿＿＿＿＿＿＿＿＿＿＿＿＿＿＿＿＿

学会勇于认错，懂得勇于承认自己的错误就是对被自己伤害的人的一种慰藉，也是对自我心灵的一次洗礼。

青蛙和牛

—— 学会拥有自知之明

知人者智，自知者明。

——老子

池塘边有两只青蛙，一天，小青蛙对老青蛙说："爸爸呀，我刚才碰到一头可怕的大怪物哩，这个家伙大得像一座山，头上长了两只角，后面还有一条长毛的尾巴，它的蹄分成两瓣呢。"

"呸！呸！"老青蛙露出不屑的神情，"小孩子少见多怪。那不过是一头普通的牛而已，有什么稀奇？它或许比我长得高一点儿，但我不费吹灰之力，就可以变得像它那样大。你看着吧。"于是它开始鼓气，把肚皮鼓胀起来。

"是不是这样大？"它问小青蛙。

"不，那东西大得多呢。"

于是老青蛙又深深吸一口气鼓起来，然后继续问小青蛙那头牛有没有这么大。

"它大得多呀，爸爸。"小青蛙又说。

于是老青蛙再三吸气，用尽全力去鼓气。它鼓呀鼓，胀呀胀，最后，胀破了自己的肚皮。

德商物语：＿＿＿＿＿＿＿＿＿＿＿＿＿＿＿＿＿＿＿＿＿＿＿＿

学会拥有自知之明，懂得认清自己的能力和所处的位置不仅有利于看清人生的目标，而且是拥有德商的表现；自知者是大智者。

樵夫的斧子

——学会抵制诱惑

不为利动，不为威劫。

——黄兴

有位樵夫不小心丢失了砍柴的斧子。丢了斧子，樵夫就无法工作，不工作就没有钱买面包。

所以樵夫着急地哭起来："斧子呀，我的斧子，你在哪儿呀？"

天上的神仙听到了樵夫可怜的哭声，很怜悯樵夫的处境，便派了一个信使去帮助樵夫。信使拿出一把金斧头对樵夫说："这位樵夫，你的斧子没有丢，你看看这把斧子是不是你的？"

樵夫看了看信使手上的金斧头，说："我不能要这把斧子，因为，它不是我的斧子。"

信使从背后又拿出一把银斧子对樵夫说："你再看看这把斧子是不是？"

樵夫看了看信使手上的银斧子，摇摇头说："这把斧子也不是我的，我的斧子是一把木头斧子。"

信使听了樵夫的话，又从背后拿出第三把斧子。果然是那把木头斧子。樵夫说："没错，这把斧子是我的。"

信使说："你是一个诚实的人，这三把斧子都给你了，作为表彰你诚实做人的奖品。"

德商物语：_____

学会抵制诱惑，懂得不是自己的东西即使镶金镀银也不拿。

第四 Q：天天爱磨牙的野猪

帮助青少年学会重视学习、善于求知的学商 (LQ) 物语

毛泽东是中国少有的大成功者，他的成功主要就是得益于他的非凡的学习能力。

——美国作家、《毛泽东传》的作者　罗斯·特里尔

卡里亚斯

——学会在任何条件下都学习的习惯

苦学能够战胜一切，学问的宫殿不分贫富都可以进去。

——巴金

古希腊有一个叫卡里亚斯的人，出生于平民之家，酷爱学习。音乐、修辞、演讲、逻辑、军事、科学，各种学问无一不好。

有一天，他随人到山上的神庙去祈祷，不小心掉进了山谷，丛生的榛莽接住了他，他才得以保全性命。但绝壁悬崖使他跌落的山谷与世隔绝。乐观好学的他并未绝望，而是以研究山谷的植物与地理为乐趣。他逐一观察山谷中的动植物，考察山谷地形，虽以野果、野菜为食，倒也自得其乐。后来他利用自己所学的知识，点着了火，升起的炊烟飘向空中，因此被外界所救。

还有一次，他随人到海外经商，途遇风暴。几天后，奄奄一息的他被冲到了岸边。被救醒后，他便投入到对当地语言和社会的研究之中，不久便以自己的博学赢得了当地人的尊重和爱戴。他凭着自己的航海知识、语言知识，带着当地人到希腊做贸易，不仅大发其财，而且最终回归故里。

后来，因为他的博学与多才，他被人们推举为城邦执政官。

学会在任何条件下都学习的习惯，懂得学习知识是不分场合地点，不分逆境坦途的。

能下雨的树

——学会拥有穷追到底的求知精神

一个人知道得越多，他就越有力量。

——高尔基

小狗熊和小猫熊到美洲旅游时，在一个森林里相遇了。小狗熊告诉小猫熊一件奇怪的事："昨天中午，我在一棵大树下睡觉，突然，一阵哗哗的大雨把我浇醒了。我睁眼一看，太阳正直射着大地呢。除了树下很湿，外面连一点儿下雨的痕迹都没有。"

"哪有树会下雨的？纯粹是瞎编。"

"这是真的，不信，现在咱俩马上到那棵树下去看看。"

这时，正当中午，它俩顶着烈日刚来到那棵树下，哗啦啦一阵大雨，就把它俩全身都浇透了。而树外，却没有一丝雨的影子。

"怎么样，这下相信了吧？"

小猫熊点了点头，瞅了瞅树冠说："真怪，树怎么会下雨呢？"

"就是嘛！"小狗熊说，"书上讲下雨是地上的水被太阳一烤，变成水汽升到天上，水汽变成了小雨滴。小雨滴你撞我，我撞你，变成大雨滴。空气托不住了，掉到地上就是雨。"

"可是树的四周也没有云啊！"

"这可能是棵魔树吧？"

……

它俩在树下没完没了地猜测，互相讨论着大树下雨的原因。

傍晚，一只归巢的小鸟看到它俩那弄不清下雨原因不罢休的样子，笑着说："这是棵雨树。至于下雨的原因，你们在树下就是争论十天，也争论不出个结果的。"

小狗熊突然开窍道："咱俩都会爬树，为什么不爬到树上去找原因呢？"

"是啊，怎么就没有想到这一点呢？真是傻透了！"小猫熊也觉得好笑。

它俩带了点儿吃的，就上了树。

雨树的叶子有半米长，中间凹陷，四周隆起。它俩发现雨树的叶子能吸收大量水分。随着时间的流逝，叶子里的水越来越多，叶子慢慢蜷缩成一个个"袋子"。它俩掂了一下，估计每片叶子能吸一斤多水。为了找到下雨的全部原因，它俩决定在树上过夜。

第二天清晨，第一缕阳光照到树冠的时候，小狗熊和小猫熊都醒了。它俩发现"袋子"似的叶子有了新的变化：受到阳光的照射，"袋子"渐渐地张开了。到了午后，"袋子"完全张开，里面贮存的水便倾泻而出——雨树下雨了。

学商物语：_____

学会拥有穷追到底的求知精神，懂得知识钻研得越透，判断事物和分析事物就越准确，越透彻。

"打洞专家"穿山甲

——学会不满足于现状，活到老学到老

人要永远地学习。死的时候，才是毕业的时候。

——萧楚女

穿山甲获得"打洞专家"的称号后更得意了，它对松鼠说："你想想看，世界上还有谁能像我，既不怕狮子、老虎，又善于打洞，而不被人活捉？地下的鼢鼠和鼹鼠固然会打洞，可它们不但怕狮子、老虎，连狐狸都怕得要死！"

松鼠听后不以为然地说："完美无缺的东西恐怕是不存在的吧！你不妨去访问一下豪猪。"

穿山甲感到话不投机，便去访问豪猪，看看豪猪是否能胜过自己。

穿山甲见到豪猪就请豪猪打个洞看看。

豪猪打了个洞，穿山甲看后说："怪不得'打洞专家'的称号落到我头上，你打洞的速度太慢，我打一个给你瞧瞧。"

只见穿山甲四肢飞快地挥舞着，不到一分钟，已经消失在洞中。它的洞深4米，宽30厘米。洞的末端是巢，巢宽2米。

穿山甲爬出洞来，骄傲地说："你瞧，我的打洞速度怎样？谁能抓住我！"

豪猪说："我认为你不可能没有弱点，只不过我暂时没发现罢了。你不妨去访问一下狗獾。"

穿山甲去访问狗獾，看狗獾是否能胜过自己。

狗獾打了个大洞。穿山甲看后说："原来你打洞的速度也不快，听说狐狸爱在你洞里拉屎撒尿，弄得臭气熏天，你受不了，只得把洞放弃。可是我的洞谁也不敢占领。总之，我是谁也抓不住的！"

穿山甲得意地走了。路上，它吃饱了白蚁，回到巢里。

有一天，穿山甲正睡着，忽听得挖土的声音，知道事情不妙，想钻出洞去，可是洞口已被人挖了，只见锄头直落下来。它转身进巢，在巢壁上飞快地打起洞来。

"哼，想挖洞抓我，休想！我的挖洞速度远远超过你的掘洞速度！"穿山甲自言自语道。

"哗、哗、哗！"一股水流冲进洞来。

"哎哟，不好，泥土成了泥浆！"穿山甲的爪子是挖土的最佳工具，但对付泥浆就毫无用处了。它拼命挥动爪子，只能把泥土和水搅得更混、更黏。

"看你往哪儿跑！"一位农民拎起穿山甲的尾巴，脸上露出胜利的笑容。

学商物语：＿＿＿＿＿＿＿＿＿＿＿＿＿＿＿＿＿＿＿＿

学会不满足于现状，活到老学到老。懂得知识永无尽头，求学没有终点。满足于现状的学习一定会遭遇坎坷，锲而不舍的学习一定能让问题迎刃而解。

八卦炼丹炉

——学会向磨难要本领

没有哪一个聪明人会否定痛苦与忧愁的锻炼价值。

——赫胥黎

西行途中，八戒饶有兴致地问悟空："猴哥，回首往事，你最难忘的是什么？"

悟空脱口而出："当然是太上老君的八卦炼丹炉！"

八戒一撇嘴："哎哟，你还没有被煎熬够是不是？那七七四十九天纯粹是一次大苦难，还是不记它为好！"

悟空摇摇头，深情地说："兄弟，在那里面的确不是滋味，简直活不下去，我若软弱了点儿，就会化为乌有，但是我硬扛过来了！没想到，它却给了我一双辨别人和妖的火眼金睛，使我炼就了非凡的本领！这能不是好事？所以，每当遇到强敌时，我首先想到的不是去找观世音或哪个菩萨，而是会想起八卦炼丹炉。若能再在里面炼一炼就更好了！"

八戒听得入了神，真诚地说道："猴哥，照你这么说，我也早该到八卦炼丹炉里走一遭了！下次，我陪你同去！"

学商物语：———————————————————————

学会向磨难要本领，懂得越能克服艰难困苦，便越能学到真知，也越能让人拥有超一流的本领。而越是拥有大本领，成功的概率就越大。

会外语的老鼠妈妈

——学会掌握特殊本领

一个人有了知识，才能变得似有三头六臂。

——马克思

一个漆黑的晚上，老鼠妈妈带着小老鼠外出觅食。在一户人家的厨房内，它们发现垃圾桶内有很多剩余的饭菜，这对于老鼠来说，就好像人类发现了宝藏。

正当一大群老鼠吃得津津有味之际，突然传来了一阵令它们肝胆俱裂的声音。那是一只大花猫的叫声。它们震惊之余，各自四散逃命。但大花猫绝不留情，不断穷追不舍。终于，有两只小老鼠躲避不及，被大花猫捉到了。正当大花猫要吃掉小老鼠的时候，突然传来一连串凶恶的狗吠声，令大花猫手足无措，狼狈逃命。

大花猫走后，老鼠妈妈从垃圾桶后面走出来说："我早就对你们说过，多学一种语言有利无害，这次我就因此救了你们一命。"

学商物语：_____

学会掌握一些特殊本领，懂得多一些知识、多一门技能就多一次成功的机会。

乌龟请医生

——学会不以第一论英雄

要弄清一个事实，最好的方法就是亲自去调查去学习，不听信任何人所讲的话。

——马克·吐温

灰驴的孩子得了重病，需要赶快请猴大夫。请谁给跑一趟呢？正当灰驴犯愁的时候，小白兔说话了："驴大嫂，我给你跑一趟吧。"

"还是我去吧！"乌龟傲声傲气地说，"我比兔子跑得快，上次赛跑，我就得了冠军。"

灰驴没有观看比赛，不清楚乌龟赛跑的详情，听乌龟说得有根有据，便让乌龟去请大夫了。驴大嫂等呀，等呀，等到天亮，猴大夫到达时，小驴已断气一个小时了。灰驴痛哭着埋怨道："猴大夫，你怎么现在才来呀？孩子的病让你给耽误了……"

"我接到信就来了，没耽误一分钟呀！"猴大夫说。

驴大嫂责怪乌龟，怎么走得这么慢。乌龟说："我路上没有停脚，已经尽力了。"

"别说了，驴大嫂，是你自己害了你的孩子！乌龟一步爬不了两寸远，谁叫你让它去送信了？"猴大夫瞅一眼低头不语的小白兔，说："小白兔是有名的飞毛腿，为什么不让它去？"

灰驴哭得更厉害了："我原想，乌龟是冠军，自然跑得快，谁知……"

学会不以第一论英雄，懂得某些时候拔头筹的人不一定本领最大，某些时候落后的人也不一定没有能力，甚至可能本领更大。

灌木丛

——学会练就看家本领

学习这件事不在于有没有人教你，最重要的是你自己有没有觉悟和恒心。

——法布尔

一只落单的野鹿不安地四处张望着。老虎发现了这只野鹿。这只老虎已经饿了一天了，它借着草丛的掩护，潜行到野鹿后面。野鹿还没有发现。老虎突然像子弹般射出去，冲向那只野鹿。野鹿此时才知道危险已经到来，本能地闪躲老虎的攻击。

老虎第一个回合扑了个空，转身再度扑来，野鹿拔腿狂奔，闪进一处灌木丛里。在灌木丛里追逐不是老虎所长，因此它在外面搜寻了一会儿，低吼了几声，只好沮丧地回到了原来的土丘上。

学商物语：＿＿＿＿＿＿＿＿＿＿＿＿＿＿＿＿＿＿

学会炼就看家本领，懂得"一招鲜，吃遍天"。在你处于危难境地时，你所学到的最实用的知识、炼就的看家本领或许就能成为你的"幸运之神"。

人和神像

学习必须与实干相结合。

——泰戈尔

有一只饿得发慌的狼，大白天跑去抢吃农民的羊。羊的主人正拿着斧头在羊群附近工作，狼虽然看见了，却不在意，仍然冒冒失失地冲了过去。

它觉得这么平凡的一个人，没有什么了不起，至少，他是没办法阻挡它的。哪知道，当它走近羊群，还没来得及伸出爪子，它的尾巴就被砍去了半截。它只得忍痛逃跑了。

又一次，这只狼跑到一座庙里去，看见一尊可怕的神像，手里拿着武器，两眼紧盯着它，好像要扑到它身上来似的，狼吓得赶快逃跑了。

不久以后，它又悄悄地跑回去，发觉神像还是原来的姿态，它胆怯地退后两步，神像仍然没有动，而且，当它转到神像的背后时，神像一点儿也不动。于是，狼猛然从背后扑了过去。轰隆一声，神像倒在地上，摔成了一堆泥块。

狼惊奇地望了一会儿，恍然大悟地说："原来，看上去平平无奇的人，多是有本领的人，而最爱装模作样的，却是没什么本领的人。"

学商物语：＿＿＿＿＿＿＿＿＿＿＿＿＿＿＿＿＿＿＿＿

学会向平凡人学习本领，懂得沙中有金，石中有璧。很多看似乎平凡的人往往有特殊的本领，而那些装模作样的人往往是外强中干，金玉其外，败絮其中。

猴子和老学者

——学会向比自己年轻的人学习

虽然我已经年龄大了，但我所见的人中一定有许多年轻人，他们一定有某些地方优于我，所以，我必须向他们学习。

——爱默生

一群目不识丁的猴子，见一位博学多才的老学者深受人们的尊敬，心里十分羡慕。它们想："当个学者多棒呀！"于是它们一窝蜂地涌到老学者的家中，恭恭敬敬地拜他做老师。

老学者欣然答应了猴子们的请求，留它们在家里读书。

第一课，老学者教的是个"人"字，并且讲述了人的来历。起初，猴子们听课很用心，可当它们听到人类是由猿猴进化来的，就大乱起来——一个个跳到桌面上，手舞足蹈，龇牙咧嘴，还摘掉老学者的眼镜，大声笑嚷着："嘻，原来你们人类还是我们的后代哩！"

"大家坐好，安静地听课！"老学者很耐心地劝导猴子。

"老家伙！"猴子们怒眼圆睁，指着老学者的鼻子大骂起来，"你好大的胆子，竟敢管教你的老祖宗！"

老学者望着眼前的这些猴子，一下子呆住了。

学会向比自己年轻的人学习，懂得学问不分长幼。年长的可能学富五车，应该成为师长；而年幼的也可能满腹经纶，同样也可以成为师长。一个学商高的人，在学知识的时候，决不能倚老卖老，轻视后辈。必须牢记韩愈《师说》中的一段话："生乎吾前，其闻道也，固先乎吾，吾从而师之；生乎吾后，其闻道也，亦先乎吾，吾从而师之。吾师道也，夫庸知其年之先后生于吾乎？是故无贵无贱，无长无少，道之所存，师之所存也。"

山羊咪咪和羚羊欢欢

——学会向竞争对手学习

如果你不能战胜对手，就加入到他们中间。

——美国企业界名言

山羊咪咪和羚羊欢欢共同在大象公司任职员。有一天，比它们俩年龄还小的同事绵羊乐乐被晋升为部门经理，咪咪和欢欢很不服气。因为它们俩平时和绵羊乐乐的关系就不怎么好。

几天后，咪咪对欢欢说："我要离开这个公司了。"

欢欢感到很突然，问咪咪："为什么？"

咪咪说："我恨乐乐经理，整天指手画脚，让人受不了。你呢，走不走？"

欢欢说："我现在不走。我不赞成你现在想离开的这个想法。

乐乐经理是有可恨之处，但是，我们现在离开，这不是最好的时机，对我们不利。"

咪咪不解地问："为什么？"

欢欢说："我要看看它是如何成为公司独当一面的人物，好向它学习！"

咪咪感觉欢欢说得很有道理。但是它还是忍受不了现在的这个局面，终于离开了公司。

咪咪走了之后，欢欢一边努力工作，一边留心乐乐经理的工作方法、处世方法、说话技巧等，暗自向它学习。结果，经过半年多的努力学习，欢欢积累了丰富的工作经验，建立了稳固的客户关系。

一天，总经理大象把欢欢叫到办公室，与它做了一次长谈，然后正式任命欢欢为总经理助理。

欢欢再也不想离开公司了。

学商物语：＿＿＿＿＿＿＿＿＿＿＿＿＿＿＿＿＿＿＿＿＿＿

学会向竞争对手学习。一个高学商的人，必须要学会向任何对手学习，将对手的成功转化成自己的动力，将对手的思维转化为自己的思维。凡是拥有这种能力的人，一定是最容易成功的人。

河里的青蛙与井里的青蛙

——学会向最专业的人学习

> 向猫学习抓耗子，向猴子学习上树，如果颠倒了学习，那就学歪了！
>
> ——邓拓

一只青蛙生活在小河里，它白天捉虫子，夜晚唱歌，过着幸福的生活。

在不远处的深井里，生活着它的朋友——另外一只青蛙。尽管水井阻断了它俩的来往，但它们是好朋友。每到夜幕降临，它俩就大声地唱歌、聊天，相互倾吐心声。

可是，河水被污染，变得又臭又黑，河里青蛙的歌声越来越少了。井底之蛙十分同情朋友的遭遇，热情地发出了邀请："你快过来吧，我这里的水可舒服着呢！不仅清澈，还凉快！"

"怎么可能呢？"河里的青蛙根本不相信，"你一定记错了！水流清澈那是很久以前的事了。现在太臭了，到处都一样！"

"不对，不对！井里的水确实很好，你快来吧！"

"唉！"河里的青蛙长长地叹了一口气，"难道我的见识还会比你少吗？在这条小河里，我游过很多地方，没有一点儿纯净的水了！我的朋友，你别安慰我了。我再等等吧，或许，下一场大雨会好些的……"

奇迹终究没有出现，河水再也没有清澈起来。几天后，河里的青蛙死了。

朋友的歌声没有了，井底之蛙难过极了。"井水确实是清澈的啊！如果它肯接受我的邀请，也许它就不会被污水害死了。"

井底之蛙深深地为这个残酷的事实而伤心。而它的朋友到死也不知道，井底之蛙的见识虽然有局限性，但是对于那口深井的情况，它可是最有发言权的啊！

学商物语：————————————————

学会向最专业的人学习。跟专业人士学习，不必管他身份地位如何；跟内行人士学习，不必考虑他职称学历如何。地位低的人，可能是某一方面的专家；没有学历的人，也可能是某一领域的内行。

小猴子犁地

——学会由表及里地学习

学习并不等于就是模仿某种东西，而是掌握技巧的方法。

——高尔基

有个农民在地里犁地。他已经干了很长时间，额头上的汗水一滴一滴地流了下来。地里犁出的沟垄一条一条的，很整齐，谁从这里路过，都会夸奖农民几句："伙计，你干的活儿真不赖。"

农民每听到这样的夸奖，总会微微一笑，继续犁自己的地。

路旁树林中的一只小猴子见到这一情景，嘀咕起来："哎哟，农民这点儿本事有什么了不起的，他能做，我也能做，而且会做得更漂亮。"

说到这儿，小猴子从树上跳下来，在地上找了一截木头，扛起来就到一块地里，学着农民的样子犁起地来。小猴子一会儿把木头拖来拖去，一会儿把木头插在地上左拨弄右拨弄，认认真真地忙碌着。

不一会儿，小猴子头上也是满头大汗。即使这样，小猴子也不肯休息。可是，谁也没表扬它、称赞它。小猴子始终搞不懂是什么原因，自己也流了不少汗，也没偷懒呀。只是它犁了半天竟连一块泥土都没犁出来。

学商物语：——————————————————————————

学会由表及里地学习，懂得学知识不能只学到皮毛，要学会从现象学到本质。要知道，仅仅看着庖丁解牛很容易，不由表及里深入学习和实践，是永远不会解牛的。

小狮子与老鹰
——学会有目的地学习

加紧学习，抓住中心，宁精勿杂，宁专勿多。

——周恩来

森林之王狮子有了一个儿子。当小狮子刚满一岁时，狮王便开始认真考虑它的教育问题：不能让儿子愚昧无知，更不能让它玷污王室的名声。

于是，狮王开始为小狮子选择老师。一开始，它想把小狮子托付给狐狸。它认为狐狸聪明伶俐。但是，又觉得狐狸撒谎的本领天下第一，它的学问非帝王所需要。

接着又想到了鼹鼠，觉得鼹鼠做任何事都非常小心谨慎，亲力亲为。但是，它目光短浅，拘泥于小节，也不适合。

狮王又想到了豹子，觉得豹子勇猛有力，而且是出色的军事家。不过，豹子不懂得政治，它只会厮杀，所以也不配做王室的老师。

狮王又想到了林中被大伙尊敬的大象，可又觉得它不够聪明。

就这样，狮王挑遍了它的手下，都没能找到一个中意的。

这时，老鹰知道了狮王的烦恼。老鹰是鸟国的国王，同狮王的关系非常亲密，便自告奋勇要来培养小狮子。狮王很高兴，如释重负，它觉得王子能拜一个国王为师，再好不过了。于是，狮王便把小狮子送到了鸟国去学习。

一晃两年过去了，林中的百鸟对小狮子都是赞不绝口。狮王便派手下把小狮子接了回来，并把所有的臣民全都召集起来。

小狮子一见到父王，狮王便与它开始亲吻、拥抱，好不亲热。不一会儿，狮王当着所有臣民的面，亲切地问道："亲爱的儿子，你是我唯一的继承人，我将把百兽交给你管理，你现在来说说，这两年你都学到了什么？"

小狮子从容不迫地回答道："亲爱的父王，我懂得了很多这里谁也不懂的事情。从鹰王到鹌鹑，各有其栖息之处，谁有何需求，谁是怎么孵卵，它们的生活习性我全清楚。你看，这是我的毕业证书，百鸟都夸奖我，如果你把王位传给我，我立即教大家如何筑巢。"

百兽听了小狮子的话，个个垂头丧气，无不唉声叹气。狮王这才醒悟过来，原来小狮子学的都不是当帝王应该学的东西，更不是狮子应该学的东西！

学商物语：＿＿＿＿＿＿＿＿＿＿＿＿＿＿＿＿＿＿＿＿＿

学会有目的地学习知识，懂得适合自己的才是最好的。

冰湖上的驴

——学会用渊博的知识来提升自己生命的价值

知识以生命为前提，以经验为条件。

——狄慈根

一头驴子白天在地里干了一整天的活儿，没有吃一点儿东西不说，天寒地冻的，一点儿水也没有喝，驴子又累又渴。终于熬到收工的时间了，驴子往自己住的地方走去。走到半道上，驴子累得一点儿力气也没有了。它倒在地上，眼皮困得睁也睁不开了，没一会儿工夫，就睡着了。

一只回家的麻雀跳到驴子的耳朵上大声对着驴耳朵说："驴兄弟，驴兄弟，你醒醒，你醒醒。"

驴子被麻雀吵醒了，很不高兴。驴子生气地问麻雀有什么事。

麻雀着急地说："驴兄弟，你可不能睡在这儿。"

驴子说："为什么我不能睡在这儿呢？只要是我能行走的地方，我都能睡。"

麻雀说："你错了，现在你睡的地方是一个冰湖。结冰时你可以走，可是冰化了，你就走不了了。"

"这么冷的天，冰不可能一下子就融化的，我才懒得动呢。"麻雀没办法，只好飞走了。

驴子又睡着了。果然，驴子身上的体温一点一点地融化了冰。只听咔嚓一声，驴子还没醒，就掉进冰冷的湖水里被淹死了。

可怜的驴子就这样一声不响地离开了这个世界，这是它做梦都想不到的事情。

学商物语：

学会用渊博的知识来提升自己的生命价值，懂得知识可以在很多时候挽救和延长生命，可以让生命更有力量。

鹦鹉引路

——学会向经验要知识

书本上的知识以外，尚须从生活中获得知识。

——茅盾

一只山羊来到十字路口，不知怎样才能通向大森林，便停下来想打听一下。这时，一只鹦鹉凑上前殷勤地告诉它："向东，向东，东边的大道走到头就是大森林，请你跟我走吧！"

山羊看了看它，只是很冷淡地说了一声"谢谢"，把头转向了别处。可惜，附近再也没有谁。它耐心地等呀，等呀，过了好久，才有一头老牛远远地走来。山羊迎上去询问。老牛指了指东边说："去大森林嘛，一直往东走，走到头儿就是了。"

山羊高高兴兴地上路了。可是，走了没几步，鹦鹉追上来，拦住它委屈地问："老牛和我告诉你的路线一模一样，为什么你相信它而不相信我？"

山羊一本正经地回答："老牛告诉我的，是它真实的经验，而你告诉我的，却是从别人那里拾来的牙慧。说实话，像刚才一样，即便你正确，也很少有人会相信！"

学商物语：＿＿＿＿＿＿＿＿＿＿＿＿＿＿＿＿＿＿＿

学会向经验要知识，懂得吸取别人的经验，才能少走弯路，从而更好地实现理想，迈向成功。

鸟王和啄木鸟

—— 学会分辨各种专业知识

错误的知识，有时比无知更加可怕。

—— 秦牧

笃！笃！笃！

森林里，啄木鸟将一棵又一棵病树的皮啄开，除掉树干里面的害虫，把它们的病全治好了。森林非常感激啄木鸟，上书请求鸟王嘉奖它。

鸟王采纳了森林的建议，召开了隆重的大会，授予啄木鸟一枚"灭虫英雄"的金质大勋章，并通令全体鸟民向英雄啄木鸟学习。

不久，鸟王接到松林的告急信，说松毛虫为患，恳求火速派医生救治。

"我的灭虫英雄，"鸟王对啄木鸟说，"你去救救松林吧！"

啄木鸟感到很为难。原来，啄木鸟是一种攀禽，有一套特殊的捕虫工具和一项独特的本领。它的脚两趾在前，两趾在后，爪子很锐利，能勾住树皮贴着树干站立；尾羽坚硬而有弹性，是支撑身体的支柱；嘴又长又硬又尖，像把钢凿，发现树干里有虫就啄破树皮，然后伸进树洞，吐出有钩的长舌将蛀虫勾出来吃掉。啄木鸟每天能消灭上百条害虫。但它只能除掉树干里的害虫，对在松针上啮食的松毛虫却束手无策。

啄木鸟如实向鸟王禀告："陛下，我虽是个'森林医生'，但只能除掉病树树干里的害虫，无法对付啮食松针的松毛虫。真正的'松林卫士'是杜鹃先生，它一小时就能消灭一百多条松毛虫。还有暗灰鹃和黄鹂，也是捕食松毛虫的能手。大王，您还是派它们去一趟吧！"

"什么？"鸟王跳了起来，"你不是灭虫英雄吗，怎么连这小小的松毛虫也对付不了？"

啄木鸟没有办法，只好遵从鸟王的旨意，硬着头皮飞到松林。结果呢？松毛虫一条也捉不到，整个松林很快就毁灭殆尽。

学商物语：

　　学会分辨各种专业知识，懂得术业有专攻，知识的分类也是纷繁复杂的，任何人都不可能面面俱到。

犀牛和犀鸟

——学会掌握各种小知识

无论掌握哪一种知识，对智力都是有用的，它会把无用的东西抛开而把好的东西留住。

——达·芬奇

一群小黑鸟飞到犀牛的跟前，很有礼貌地问道："我们跟你交朋友好吗，犀牛？"

犀牛轻蔑地看了看小黑鸟们，鼻子哼了一声，然后半闭着眼睛说："你们都瞎了吗？小不点儿的东西也配跟一个庞然大物交朋友吗？！"

"别看我们都是小鸟儿，说不定对你会有很大的帮助呢！"

小黑鸟们叽叽喳喳地嚷着。犀牛听着不耐烦，暴跳了起来："老子身上披着铁甲一样的厚皮，嘴上长着巨凿一样的尖角。三四只大狮子也敌不过我，就是大象见了我也要远远地避开呢！小鸟儿，你能帮我做什么？滚！全都滚！"

这时，不知从哪儿涌来一群飞虫，突然向犀牛袭来。犀牛的皮虽然看似像铁一样又厚又韧，但实际上皱褶很多，又嫩又薄。虫儿们争着在这些地方吸血，咬得犀牛满地翻滚，叫唤不止。

"这么大的个子还打滚哭鼻子，不怕小动物们笑话吗？乖乖地起来，让我们捉虫子吧！"小黑鸟们忍住笑，一齐飞到犀牛身上，一会儿就将皱褶里的虫子啄食干净了。

犀牛的痛苦解除了，它把小黑鸟们当作亲密的朋友，请它们停栖在自己的背上。

犀牛的嗅觉和听觉都很灵敏，可却是个近视眼。猎人们常常逆着风来偷袭它，它却一点儿也察觉不出来。自从它让小黑鸟停栖在背上，它就再没有提心吊胆地过日子了。一旦发现敌人，小黑鸟们就上下翻飞，给它报信。犀牛非常感激小黑鸟，它们亲密得像同胞兄弟一样，因此人们将小黑鸟称作"犀鸟"。

学商物语：————————————————————————

学会掌握各种小知识，懂得小知识有大价值，四两可以拨千金。善于掌握小知识的人，一定是一个善于求知的人；而装了一脑袋小知识的人，也一定是一个学习能力很强的人。

鲁班的斧子

——学会学到知识的本质

学习知识，要善于思考、思考、再思考，我就是靠这个学习方法成为科学家的。

——爱因斯坦

鲁班是木匠的祖师爷。

鲁班制作木器时，最常用的工具是斧子，斧子到了他手里，砍、劈、削、刨，得心应手。他制作出来的木器，无不精美绝伦。

一位财主连续十天观察鲁班制作木器，他从实地观察中得出一个结论：鲁班制作的木器之所以那么好，是因为他有一把好斧子，鲁班的斧子肯定是一把"神斧"。再看看自己家里的那把斧子，实在是太平凡、太一般了，难怪做不出好家具来。

于是，财主向鲁班提出要买他的斧子，开价十两银子。鲁班不肯。财主总是来哀求，把价钱逐步提高到一百两银子。这时，正碰上鲁班一个学生的老母亲去逝了，因为家贫，无力安葬。鲁班为了这个学生能够及时办理老母亲的丧事，便同意把斧子卖给那位财主。

财主得到他渴求已久的"神斧"，不禁欣喜若狂。他先扔掉了自己原来的那把斧子，然后马上用这把"神斧"制作起家具来。可他万万没有想到，"神斧"到了他手里，用起来很不顺手，做的家具也非常拙劣。他又来到了鲁班家里，想要弄明白这是怎么回事。

他走进鲁班的家里，一下子愣住了。只见鲁班正在用他扔掉的那把斧子做一件木器！斧子在鲁班的手里就像"神斧"一样，被运用得出神入化，仅仅几分钟的时间，一件精美的木器便做了出来。财主看着眼前的情景，不禁心生困惑：为什么我用着不好使的斧子，到了鲁班手里就好使了呢？为什么鲁班用着好使的斧子，到了我手里就不好使了呢？

学商物语：————————————————————————

学会学到知识的本质，懂得深入钻研才能领会知识的精髓。不求内涵的学习必定是表象的学习，而表象的学习是永远也学不到真知识的。

毛毛和妈妈

——学会带着怀疑学知识

尽信书，则不如无书。

——孟子

毛毛是一只很聪明的小狐狸，平时很爱思考问题。这天晚上，天气很热，毛毛和妈妈坐在院子里乘凉。

妈妈给毛毛讲了一个故事，说的是古时候有个人家里很穷，没有钱买蜡烛。他读书很用功，到晚上天黑了看不见字的时候，他就很着急。于是，夏天的晚上他就去树林里捉很多萤火虫，装到一个布袋里。萤火虫聚集在一起，发出的光很亮，于是他就在萤火虫光的照射下，继续读书写字。这个故事流传了千百年，他也被后人当作用功学习的典范。

妈妈讲完这个故事，教育毛毛要向这个古人学习。

这时，毛毛眨了眨眼睛，非常好奇地问道："妈妈，萤火虫那么一点点光，真的能看到字吗？"

妈妈有点儿生气地说："给你讲这个故事，是让你明白道理，你问那么多干什么！"

毛毛却倔强地说："不，妈妈，我要亲自验证一下这个故事到底是真是假！"

于是，毛毛拿了一个瓶子来到草地上，开始捉萤火虫。夏天的萤火虫可真不少，不一会儿就装了大半瓶。毛毛开心地回了家。毛毛关了灯，把瓶子放到书桌旁边，却发现光线很微弱，根本看不清楚字。

毛毛马上跑到妈妈跟前说："妈妈，我知道了，那个故事是假的，萤火虫的光根本不够亮。不过这个故事既然能流传这么久，说明人们欣赏的是故事里那个人的学习精神。所以，也就没有人去考证故事的真假了。"

妈妈听了毛毛的话，高兴地说道："你说得很对，不过我更应该表扬你的是，你能带着怀疑精神去学习，并且去验证故事的真假，这才是你做得最好的地方！"

学商物语：_____

学会带着怀疑精神去学习，懂得大多数人都认同的未必就是对的。善斟酌者易成事，爱思量者易成功。

南岐的居民

——学会在学习时多与别人交流

每当我学到了一些新知识，我都要找几个人交流探讨一番。

——王石

从前，有个名叫南岐的村子，坐落在一片幽深的山谷中。这里的村民很少跟山外的人交往。南岐村的水非常甜，但是却缺碘。由于常年饮用这种水，南岐村的村民没有一个不得大脖子病的。

有一天，从山外来了一个人，一下子轰动了南岐村。

村民们扶老携幼都来围观。他们看着看着，就对外地人的脖子议论开了："唉，他大婶，你看那个人的脖子！"

"他二嫂，真怪呀，他的脖子怎么那么细那么长，难看死了！"

"咳，他的脖子干干巴巴的，准是得了什么病！"

"这么细的脖子，走到大街上，该多丑！怎么不用块围巾裹起来呢？"

外地人听了，笑着说："你们的脖子才有病呢，那叫大脖子病！你们有病不治，反而来讥笑我的脖子，岂不笑死人！？"

南岐村的人说道："我们全村人都是这样的脖子，肥肥胖胖的，多好看啊！你想让我们变丑，我们才不干呢！"

学商物语：

学会在学习时多与别人交流，懂得闭关自守、孤芳自赏必然导致孤陋寡闻、目光短浅。只有主动交流，取长补短，才能发现山外有山、天外有天，才不至于坐井观天，不思进取。

猴子吃核桃

—— 学会掌握学习方法

未来的文盲，不再是不识字的文盲，而是没有学会怎样学习的人。

—— 埃加·富尔

猴子听松鼠说，核桃味香肉实，是滋补的佳品，便兴冲冲地来到核桃林里。它跳到树上东摘西挑，不一会儿，就摘了满满的一大口袋。正要下来时，猴子突然抓起树上一个又圆又大的核桃啃起来。刚嚼几下，它就紧皱眉头，咧开大嘴吐了："哎呀，又苦又涩，怎么这么难吃？"

它厌恶地把这个核桃扔得远远的，又不放心地从口袋里掏出一个尝了尝："唉？一个滋味！难道我摘的都是坏的吗？"

扔掉这个，它又抓起一个；抓起一个咬咬，它又扔掉；一连十几个，都是一个样。于是，它自言自语地说道："看来，是松鼠在耍弄我，核桃根本就吃不得！"

猴子恼火地踢翻口袋，要去找松鼠算账。恰好这时松鼠走了过来。听完猴子的抱怨，松鼠哈哈大笑，说："猴哥，并不是核桃不能吃，而是你直到现在还没吃到核桃！"

猴子一绷脸，扭身捡起一个它咬过的："没吃到核桃？你看，这是什么？！"

松鼠接过来，看了看，说："是的，这是核桃，但你咬的不过是核桃的外表皮，连核桃的硬壳都没有接触到！更别提吃到核桃肉了！"

学商物语：

　　学会掌握学习方法，懂得要想吃到核桃肉，就要先学会吃核桃的方法。

骆驼的能耐

——学会发掘自己的能力

如果把我身上的衣服全部都剥光，一个子儿都不剩，然后把我扔到大沙漠去。这时，只要有一支商队经过，那我又会成为亿万富翁。

——洛克菲勒

动物园里，小骆驼问骆驼妈妈："妈妈，真奇怪，为什么我们的睫毛比斑马的睫毛要长那么多啊？"

骆驼妈妈回答说："睫毛长可以抵挡风沙啊！即使风暴来了，我们的眼睛也不会受伤害，而且还能看见远方的道路。"

小骆驼又问："你看，小鹿的身体多美啊！可是我生下来就驼背，真难看！要是我有小鹿那么漂亮就好了。"

骆驼妈妈耐心地解释说："那是驼峰，沙地里经常没有水和食物，我们可以把水和需要的养分储存在里面，那样就不会觉得饥渴了。"

小骆驼想了一会儿又问："我们的脚掌这么厚，那又是什么原因呢？"

骆驼妈妈说："要是我们的腿像鹿那么细，恐怕我们早就被埋到沙里了。这样我们长途跋涉起来才不会觉得累。"

听完骆驼妈妈的解释，小骆驼高兴地叫起来："原来我们有这么多能耐啊！"

学商物语:_____

　　学会发掘自己的能力，懂得自己已有的本领永远都是最有价值的。要明白：别人拥有的知识固然好，自己所拥有的知识也不会是无用的。

第五 Q：跳出井口的小青蛙

帮助青少年学会设定目标、坚定信念的励商 (PQ) 物语

在我 14 岁的时候，我的母亲对我说，千万别忘了发现别人的长处，多说别人的好话。从此以后，我牢记这句话，甚至在梦里也不忘激励别人。我之所以能取得成功，主要是因为我学会了激励。

——美国前总统　里根

身后的狼

——学会置之死地而后生

敢于死中求活，才能绝处逢生。

——民谚

一位名不见经传的年轻人，第一次参加马拉松比赛就获得了冠军，并且打破了世界纪录。

他冲过终点后，新闻记者蜂拥而至，将他团团围住，不停地问："你是如何取得这样好的成绩的？"

年轻的冠军喘着粗气说："因为，因为我的身后有一只狼。"

迎着记者们惊讶和探询的目光，他继续地说：

"三年前，我开始练长跑。训练基地的四周是崇山峻岭。每天凌晨两三点钟，教练就让我起床，在山岭间训练，可是我尽了最大的努力，进步却一直不快。

"有一天清晨，我在训练的途中，忽然听见身后传来狼的叫声，开始是零星的几声，似乎还是很遥远，但很快就急促起来，而且就在我的身后。我知道有一只狼盯上我了。我甚至不敢回头，没命地跑着。我那天训练的成绩好极了。后来教练问我原因，我说我听见了狼的叫声。教练意味深长地说，原来不是你不行，而是你身后缺少了一只狼。我才知道，那天清晨根本就没有狼，我听见的狼叫，是教练装出来的。

"从那以后，每次训练时，我都想象着身后有一只狼，成绩突飞猛进。今天，当我参加这场比赛时，我依然想象我的身后有一只狼。所以我成功了。"

励商物语:＿＿＿＿＿＿＿＿＿＿＿＿＿＿＿＿＿＿

学会置之死地而后生，把自己放到最危险的境地，让自己的身后总有一只追赶的狼。懂得最绝望的境地往往有最精彩的传奇，最艰难的时刻往往正孕育着最精彩的成功。

马术师儿子的作文

——学会别让他人偷走你的梦想

实现理想的唯一障碍是今天的疑虑。

——罗斯福

一个男孩跟着当马术师的父亲走南闯北。由于四处奔波，他求学并不顺利，成绩也不理想。有一天，老师要全班同学写作文，题目是《长大后的愿望》。那一晚，男孩洋洋洒洒写了五张纸，描述了他的愿望：长大后，我想拥有自己的农场，在农场中央建造一栋占地 5000 平方米的住宅，拥有很多很多的牛羊和马匹。

第二天他把作业交上去，老师给他打了一个又红又大的零分，还叫他下课后去见他。

"老师，你为什么给我打零分？"他不解地问老师。

"我觉得，你的愿望是不切实际的。你敢肯定长大后买得起农场吗？你怎么能建造5000平方米的住宅？如果你肯重写一个愿望，写得实际点，我会考虑给你重新打分。"老师回答道。

男孩回家后询问父亲。父亲见他犹豫不决，语重心长地说："儿子，这是个非常重要的决定，我认为，拿零分不要紧，但绝不能放弃自己的梦想。"

儿子听后，将这句牢牢地话记在了心底。他没有重写那篇文章，也没有更改自己的愿望。20年后，这个男孩真的拥有了一大片农场，而且还在这个农场的中央建造了一栋舒适而漂亮的豪宅。

励商物语：_____

学会别让他人偷走你的梦想，懂得只要有梦想，就有希望。实现梦想的路有千万条，就看你怎么走。

矮个子选手

——学会分解大目标

在瞄准遥远目标的同时，不要轻视近处的东西。

——欧里庇得斯

在一场国际马拉松邀请赛中，名不见经传的矮个子选手巴特尔出人意料地夺得了冠军。当记者问他是靠什么取得如此惊人的成绩时，他说："靠智慧战胜对手。"

许多人都认为这个矮个子选手是偶然获得冠军的，他说的话是在故弄玄虚。马拉松比赛是一项考验体力和耐力的运动，只要身体素质好，又有耐性，就有望夺冠。但若说用智慧取胜有点牵强。

两年后，又一场国际马拉松邀请赛在人们的期待中拉开了序幕。巴特尔又获得了冠军。记者再次采访他，他回答的仍然是那句话："靠智慧战胜对手。"这位记者觉得他说得过于简单，便穷追不舍，非得要巴特尔讲一讲他是如何用智慧取胜的。

巴特尔没有办法，只好讲出了他的秘密。

"我每次比赛之前，都会乘车把比赛的线路仔细地看一遍，并把沿途比较醒目的标志画下来，比如第一个标志是银行；第二个标志是一棵大树；第三个标志是一座红房子……这样一直画到赛程的终点。比赛开始后，我就以很快的速度向第一个目标冲去，等到达第一个目标后，我又以同样的速度向第二个目标冲去。40多千米的赛程就这样被我分解成几个小目标后，轻松地就跑完了。这就是我能得冠军的秘密。"

励商物语：_____

学会分解大目标，懂得一点一点地接近目标会更容易。

学跳舞的小象

——学会把不可能变成可能

有自信的人，可以化渺小为伟大，化平庸为神奇。

——萧伯纳

大象身材高大，常被动物们讥笑为"笨笨"。

有只小象在动物联欢会上，见许多动物随着音乐翩翩起舞，舞姿美极了，十分羡慕。于是，它对象妈妈说："妈妈，我也要跳舞，跳出像鹿小姐那样美妙的舞姿。"

象妈妈想了想说："傻孩子，这是不可能的。我们的四肢像柱子一样粗壮，身体像一堵墙，根本不是跳舞的材料啊！"

"不，妈妈，我想我一定会学会跳舞的。"

从此以后，只要有舞会，小象都去参加。不过它只是站在一旁，认真地琢磨其他动物跳舞时脚步怎样移动才合乎音乐节拍，并逐渐琢磨出一套适合自己身材的舞蹈。它想：首先，我身体高大，不适合像兔小姐那样跳旋转舞，但我高大的四肢却是别的动物所无法比拟的，我正好可以利用这个优势来跳踢踏舞，而我长长的鼻子能伸缩自如，变出各种花样……

当又一次舞会开始时，小象大大方方地走进了舞场中央。音乐响起，小象和着激昂高亢的节拍和鼓点，翩翩起舞，随着节奏强烈的乐曲声，小象的舞步时而简洁明快，时而铿锵有力，时而抑扬顿挫，时而激情四溢。看着小象的表演，舞台周围的动物们怎么也想象不出难度极大的踢踏舞竟被小象表演得淋漓尽致。

一曲未终，动物们纷纷离开座位站了起来。它们在强劲的节拍和小象的舞步中陶醉了。雷鸣般的掌声淹没了整个舞台。

励商物语：_____

学会把不可能变成可能，懂得只有认真地向别人学习，取长补短，勤学苦练，才能开创出一片天地。

小马过河

——学会敢于迈出第一步

不怕的人面前才有路。

——有岛武郎

一只小马从马厩里出来。它想到前面的山坡上吃草，随便散散心。可是，当它来到山坡前，一条小河挡住了它的去路。小马向左边看看，又向右边看看，怎么也没有看到可以过河的桥。小马只好停住了脚步，看着河水发呆。

这时，一只老马从后面走过来。老马看见小马站在河边发呆，问道："孩子，你为什么站在这儿发呆呀？难道你有什么心事吗？"

小马照实说："我想到对面山上吃草，可是小河挡住了我的去路。"

老马说："那你为什么不过去呢？"

小马说："河上没有桥，我想等河水流干了以后再过去。"

老马听了哈哈大笑说："傻孩子，河水是流不干的。你想等河水流干，那你就永远到不了对面的山坡上。不要怕河水，你可以游过去，像我一样。"

小马说："那好吧，我试试看。"

老马说完，扑通一声跳进河里，朝对岸游去。小马看见老马下水了，自己也跟着下了水。小马下水后就游起来，不一会儿也游过了河。

小马上岸后，自言自语地说："如果我不试一下，或许现在我还站在对岸发呆呢。"

小马又总结了一条经验：要做成什么事就得大胆地去迈第一步。

励商物语：_____

学会敢于迈第一步，懂得有第一步才会有第一百步，否则一切都等于零。

三人寻宝

——学会拥有韧性

失败是坚韧的最后考验。

——俾斯麦

有三个人因做了善事，先知决定给他们每人一个发财的机会，告诉他们在沙漠的深处有一个地方埋藏着宝藏，等上七七四十九天，宝藏会自动从地下长出来。

最先去的是善事做得最多的人。他来到先知告诉他的地点。那里除了漫漫黄沙，什么都没有。一天过去了，喜欢与人交流的他寂寞难耐，开始唱歌。三天后改为吼，五天后改为叫。十天过去了，他觉得自己的生命快要完蛋了，离开了沙漠。

第二个人带了许多书信。边等边读信，三天便把信读完了。当他把所有的信读到第五遍时，开始觉得无聊到了极点，放弃了。

最后一个人坐在那里等着奇迹出现，他穷尽自己的想象，猜想宝藏从地上长出来的模样。他忍耐着。日升月落，他开始回忆自己的人生历程，忆起自己做过的好事心花怒放，忆起做过的错事就痛心疾首。他忘记了时日。当他彻底想明白人生的意义时，大地开裂，宝藏涌出，他获得了一切。

励商物语： _____

学会拥有韧性，懂得谁能坚韧不拔，坐住冷板凳，谁就有收获的那一天。

撑竿跳冠军

——学会让心先胜出

要记住：历史上所有伟大的成就，都是由于战胜了看来是不可能的事情而取得的。

——卓别林

猴子巴莱是举世闻名的动物奥运会撑竿跳冠军，享有"撑竿跳皇帝"的美誉。它曾数十次创造动物界撑竿跳世界纪录，所保持的纪录迄今无人打破。

在接受"国家勋章"的授勋典礼上，记者们纷纷提问："你成功的秘诀是什么？"

巴莱微笑着说："很简单，每次撑竿跳之前，我都会让自己的心先跳过横杆。"

接着，它讲起了自己和教练的故事。

作为一名撑竿跳选手，在成名之前，尽管巴莱不断尝试新的高度，但每次都以失败告终。它既沮丧又苦恼，甚至怀疑过自己的潜力。

有一天，它来到训练场，禁不住摇头对山羊教练说："我实在跳不过去。"

山羊教练平静地问："你是怎么想的？"

巴莱如实地回答："只要踏上起跳线，一看那根高悬的横杆，心里就害怕。"

山羊教练看着它，突然厉声喝道："巴莱，你现在要做的就是闭上眼睛，先让你的心从横杆上跳过去。"

教练的话，让巴莱如梦初醒。它重新撑竿，心中默念教练的指导。这一次，它顺利地跃身而过。

山羊教练欣慰地笑了，语重心长地说："记住，先将你的心从横杆上跳过去，你的身体就一定会跟着过去。"

励商物语：————————————————————

学会让心先胜出，懂得心理上的自我激励，有利于更好地发挥自身水平。

驼背的王子

——学会经常进行积极的自我暗示

你想成为什么，你就能成为什么！

——萨特

很久以前，古希腊有一个王子，长得十分英俊，但是却驼背。国王为他请了许多名医来医治他的病，但都没有治好。这使得王子非常自卑，因而不愿意在大众面前露面。

国王看到这种情况非常着急，亲自去请教一个智者，智者帮他出了一个主意。

国王回来后，请来了全国最好的雕刻家，刻了一座王子的雕像。刻出的雕像没有驼背，后背挺得笔直，脸上充满了自信，让人一见就觉得光彩照人。国王将此雕像竖立于王子的宫殿前。

当王子看到这座雕像时，心中像被大锤撞击了一下，产生了一种强烈的震撼感，情不自禁地流下泪来。国王对他说："只要你愿意，你就是这个样子。"

以后王子时时注意着要挺直后背，几个月后，见到他的人都说："王子的驼背比以前好多了。"王子听到这些话，更有信心，以后更注意时时保持后背的挺直。

终于有一天，奇迹出现了。当王子站立时，他的后背变得笔直了，与雕像一模一样。

励商物语：＿＿＿＿＿＿＿＿＿＿＿＿＿＿＿＿＿＿＿＿

学会经常进行积极的自我暗示，懂得心理暗示的作用是巨大的，它能让许多不可能变成可能。

想做官的人

——学会坚持自己的选择

成功的唯一诀窍，是坚持到最后一分钟。

——柏拉图

有一个人，一心想做官，却一辈子都没有遇到做官的机遇。时光如流水，几十年弹指一挥间。这个人眼看着自己须发变白，筋骨僵硬，不禁黯然神伤。一天，他按捺不住伤感，痛哭流涕起来。

有人看见他这般模样，颇为奇怪，于是走上前来问他："老先生，请问你为什么这么伤心呢？"

这个人回答说："我求官一辈子，却始终没有遇到过一次机会。眼看自己年华老去，依然一身布衣，再也不可能去建功立业了，所以我伤心痛哭。"

问他的人又说："那么多求官的人都成功了，你为什么却一直没有机会呢？"

这个人回答道："我年轻时学的是文史，当我学有所成时出来求官，正好遇上君主偏爱任用那些经验丰富的老年人。我等了好多年，一直等到这位君主去世后又出来求官，可是，继位的君主却是个喜爱武士的人，我又一次怀才不遇。于是，我改变主意，弃文学武。等我学武有成时，那个重视武艺的君主也去世了。现在继位的是一位年轻的君主，他喜欢提拔年轻人做官，而我，如今早已不年轻了。几十年光阴转瞬即逝，一辈子生不逢时，没有遇到一次机会，这难道不是十分可悲的吗？"说罢，他又哭起来了。

励商物语：————————————————————

　　学会坚持自己的选择，懂得人云亦云、随波逐流，必定与成功无缘。

江和河的对话

　　　　　　——学会在大风大浪中锻炼自己

不经历风雨，怎么见彩虹，没有人能随随便便成功。

　　　　　　　　　　　　　　　　——《真心英雄》

　　江和溪在入海口相会，热烈地畅谈起各自的经历。

　　溪说："我浅流清波，春风得意，极为顺利地到达这里。多亏老天爷保佑，你看，我依然这样年轻漂亮！"

　　江说："我却不然，一路坎坷跌宕，九曲回环，蜿蜒回荡，两岸有峭壁逼迫，河床有礁石拦阻，过了峡谷，还有悬崖，为了汇入大海，我几乎拼尽一生的气血。"

　　溪救世主般慷慨地表示："那么，当再次开始我们的流水生涯时，就请你纳入我的怀抱吧，保证你无须经历任何苦难，就能轻松到达大海。"

　　江笑了，豪迈地告诉它："你以为我在诉苦吗？我想逃避这些？不，正是那无尽无休的苦难和奋斗，才编织了我壮丽多彩的旅程。

我穿越过峡谷，击溃过礁石，承载过船队，迸发过电力，灌溉过田园……如果没有这些可歌可泣的生活，白白地流淌，即便能汇入大海，又有什么意义呢？我会为此终生感到羞愧。"

励商物语：＿＿＿＿＿＿＿＿＿＿＿＿＿＿＿＿＿＿＿＿＿

学会在大风大浪中磨砺自己、展示自己、奉献自己。懂得风平浪静就少了精彩，浅流清波则价值有限。

两颗绿豆

——学会挑战压力

如果你从不接受挑战，你就永远感受不到胜利的刺激。

——英国谚语

有两颗绿豆躺在仓库里聊天。

"喂，老弟，听说过两天主人要把我们卖给豆芽工厂。"甲绿豆对乙绿豆说。

"唉，我正担心此事呢，老哥，你说等待我们的将是什么样的命运呢？"乙绿豆说完，显得无精打采。

"听说有两个豆芽加工厂，但环境不同。一处是把我们压在巨石上，让我们发芽生长，另一处是直接放在地上，没有任何压力……"

"那我就选择没有压力的加工厂。"乙绿豆为自己的想法而沾沾自喜。

豆芽加工厂的老板来了。主人把正在聊天的两颗绿豆和其他的伙伴一起卖给这位老板。

过秤时，乙绿豆从加工厂老板与主人的对话中了解到将去的加工厂，其采用的是用石块压在地上，强迫绿豆芽生长的那种方法，便找了个机会，偷偷地从筐里溜了出来，躲在墙角边。它看到甲绿豆和同伴们被加工厂的老板带走时，心里偷着乐。

第二天，主人打扫仓库时，发现了这颗绿豆，便把它捡了起来，丢进了另一筐绿豆中。后来这颗绿豆和其他同伴一起，被卖进了另一家加工豆芽的工厂。

一个偶然的机会，两个老朋友在一个菜摊上相遇了，只是现在它们都由绿豆长成绿豆芽了。

"喂，老弟，你是营养不良吗？怎么长得又细又黄又长？"甲绿豆芽关切地问。

"哪里，我们的老板把我们往地上一搁，便不管了，我们没有压力，自由自在地生长，别提那日子过得多滋润了。你看你，长得又大又结实，一定是被巨石压身了吧。"乙绿豆芽说。

"对，我们被主人压在一块笨重的巨石下，为了要生长，我们只得加倍奋斗，艰难地破土而出，所以就长得像现在这样壮硕。"甲绿豆芽说。

"哟，受这么大的罪可真不值啊……"乙绿豆芽还准备说点儿什么，却听到一个买菜的人说："这根豆芽又细又长又黄，肯定是没有经过压力生长的。这样的豆芽没有多少人会喜欢的。"说罢，乙绿豆芽就被那个人用两根指头轻轻拈起，丢到了地上，紧接着，乙绿豆芽被过路人踩了一脚。

而经过巨石压迫长成的甲绿豆芽和它的伙伴们，则被这个人买走，用来招待最尊贵的客人。

励商物语：_____

学会挑战压力，懂得压力出动力，压力出能力。

谁跑得最出色

——学会向强者挑战

想别人不敢想的，你已经成功了一半。做别人不敢做的，你就会成功另一半。

——爱因斯坦

清晨，兔妈妈出门采蘑菇，临行前嘱咐两个在家的孩子要好好练习跑步。晚上，兔妈妈提着一大篮子蘑菇回来，对它们说："你们今天谁跑得最出色？我奖个最大的蘑菇给它！"

"今天我参加跑步比赛，成绩最佳！"小黑兔志得意满地抢先答道。

"今天我参加跑步比赛，成绩最差！"小白兔怯怯地跟着说。

"你们今天都跟谁比赛啦？"兔妈妈问。

"我跟乌龟赛跑，所有的乌龟都跑不过我！"小黑兔又嚷嚷着抢先答道。

"我跟千里马赛跑，所有的千里马都快过我！"小白兔也小声地跟着说。

"我亲爱的孩子，"兔妈妈亲了亲小白兔，从篮子里挑出一个像小雨伞一样大的蘑菇，说："这是给你的奖品！"

"我今天得了冠军，为什么不给我大蘑菇，却给了她，她可是倒数第一呀？"小黑兔不满地说。

"给你？"兔妈妈用严肃的目光看了小黑兔一眼，意味深长地说："有志气的敢跟高手比，只有那些没出息的才跟弱者比，赢了乌龟，倒不如输给千里马！"

励商物语：————————————————————

学会向强者挑战。懂得跟弱者过招，你的水平不仅难以提高，而且可能越来越低；而跟高手过招，你的水平则会越来越高，甚至可能超过他们。

忙碌的蜘蛛

——学会不空想

伟大的理想，只有经过忘我的斗争和牺牲才能胜利地实现。

——乔万尼奥里

小蚂蚁在地上爬来爬去，已经好几天没有找到吃的东西了。

小蚂蚁沿着树干往上爬，心想："树上兴许有好吃的东西！"

虽然小蚂蚁在树梢并没有发现美味，可是，却认识了一位新朋友，它就是大名鼎鼎的蜘蛛。

蜘蛛的生活，可真悠闲、舒坦。它伸开八条腿，笃悠悠地躺在蜘蛛网上。风一吹，晃晃荡荡，惬意极了！它用不着像蚂蚁那样东奔西跑，"美味"总是自动送上门来。蚂蚁眼看着一只苍蝇粘在蜘蛛网上。不一会儿，一只蚊子又"不请自来"，撞在网上。

小蚂蚁在一旁看着，真是羡慕极了。

小蚂蚁央求道："蜘蛛姐姐，把你吐丝和织网的本领教给我吧！如果我也能织一张网，往上面一躺，一辈子都不会饿肚子了。真是一劳永逸呀！"

"一劳永逸？"蜘蛛感到吃惊。它劝小蚂蚁留下来，好好看看它是怎样生活的。

夜幕降临了，在月光下，蜘蛛网闪耀着银色的光芒。

这时，小蚂蚁打起瞌睡来了。然而，蜘蛛却忙碌起来了：它在蜘蛛网上爬来爬去，把蜘蛛网上的丝一根根吃进肚子。这么一来，蜘蛛网变了，只剩下光秃秃的几根搭架子的蛛丝。

小蚂蚁睁开蒙眬睡眼，疑惑不解地看着。

蜘蛛把蛛丝吃掉之后，又忙碌起来。它重新从腹部的喷丝口喷丝，又开始织网，一直织到天亮才把网织好。

小蚂蚁问蜘蛛："你干吗要把网拆了重织？"

蜘蛛答道："如果不把干了的蛛丝吃进肚子，再重新织网，网就没有黏性，第二天粘不住飞虫，我就要挨饿。"

小蚂蚁又问道："你每天夜里都要这样干活？"

蜘蛛点头道："是的。我每晚都通宵工作，从不间断。我总是织了拆，拆了织！不过总是在夜里重织新网，所以好多人不知道，以为我织一次网就一劳永逸了。"

小蚂蚁再也没问什么，默默地沿着树干朝下爬去。因为小蚂蚁明白了，想坐在那里，躺在那里，等着别人把幸福用金盘子给你端来，那永远是空想、幻想！

学会不空想，懂得理想的实现靠的是周而复始的持续劳动。

熊和蚂蚁

——学会发挥自己的全部力量

成功之道不过是凡事全力以赴，把事情做好，不稍存沽名钓誉之心。

——朗费罗

狮子大王把熊和蚂蚁派在一起劳动——刨土。熊接到命令乐得简直合不拢嘴："我等着拿红旗吧！不是吹牛，只要我这只脚掌扒一下，就够那小子干一辈子了。"劳动开始后，熊只轻轻地在地上刨了几下，就呼呼地睡起大觉来。蚂蚁因为力气小，丝毫不敢怠慢。它一直埋头刨土，可是总也赶不上熊刨的土多。

但是出乎意料，红旗反倒发给了小蚂蚁。熊非常不满，跑去问狮子大王："太不公平！我刨的土难道不比小蚂蚁刨的多吗？"

狮子大王笑了笑，说道："当然是你刨的土多，可是凭你的力气应该刨得更多。蚂蚁刨的土虽然比你少，但是它尽了自己的全力。如果按照力气大小来比较，应该说蚂蚁刨的土比你多许多倍呢。"

熊听了狮子大王的话无话可说，只得低着头走开了。

学会发挥自己的全部力量，懂得全力以赴才能成功。

爷爷松和娃娃松

——学会珍惜顺境

无论做什么事情，只要肯努力奋斗，没有不成功的。

——牛顿

高高的大山上有一处险峭的悬崖，崖顶上长着一棵老青松，人称爷爷松。崖底栽着一片小松林，全是清一色的娃娃松。

每天黎明，当红日腾空时，悬崖上彩霞飘飞，娃娃松们看见爷爷松就像一条金色的蛟龙，抛须摆尾地在云海里翻腾；而当风雨袭来时，天空中电闪雷鸣，爷爷松又变得像一头斑斓猛虎，张牙舞爪地在崖顶上咆哮。娃娃松越看越羡慕，恨不得自己也立刻长成爷爷松那样，在云头龙腾虎跃，那该多威风、多神气啊！

这天，一只云雀从云端降落到娃娃松的身边歇息。

娃娃松对云雀说："云雀哥哥，你快飞上崖顶去给爷爷松捎个信儿。问问它有什么办法，也让我们长得像他那样如龙似虎的壮观。"

云雀扑棱棱地飞上崖顶去送信儿了。可是没多久，它就急急地飞了回来，无精打采地望着大家，老半天也没开口说话。

娃娃松们急坏了："怎么啦？爷爷松到底说了些什么呀？"

云雀抹着眼泪说："爷爷松哭了！"

"哭啦？"娃娃松们惊讶极了，"爷爷松干吗要哭呢？"

"唉，它是哭你们学它那模样啊。它说，它那模样全是苦难和辛酸的岁月扭曲出来的怪相嘛，哪能让娃娃们去学呢。"

娃娃松们谁也不敢相信：爷爷松长得那样风光，那样气派，怎么能说是怪相，怎么还会哭呢？准是老人家不肯传授绝招儿，故意装模作样来骗我们的。

"不，不！"云雀说，"你们没有看清楚，爷爷松根本不像一条龙，更不像一只虎。它的背脊弯曲得像一张弓，脖子扭曲得像一条蛇。它全身上下到处都是深深的裂口和长长的伤疤。它完全是一株歪脖子驼背松啊。"

娃娃松们个个惊呆了："那……那是为什么呢？"

"因为爷爷松是在险恶的环境中被挤压出来的呀！"云雀说，"它的脚下没有泥土，面前是幽暗的深谷，背后是阴冷的绝壁。为了求生，它日日夜夜都在悬崖上与狂风暴雨、飞雪浓雾、惊雷闪电抗争，这才被扭曲成那副怪模样啊！"

娃娃松们谁也没有再说话。它们都在心里问自己：那我们应该学习松爷爷什么呢？我们享受着阳光的温暖、雨露的滋润、大地的哺育，是多么幸福啊！难道还要再长成一副歪脖驼背的怪相吗？

从这天起，娃娃松们全都齐刷刷地昂起头来，挺直腰杆向上生长。它们立志要长成一棵棵正直、坚强、秀美的参天大树。

学会珍惜顺境，懂得在好的条件下更应该好好地利用这份难得的馈赠，让自己成才。

脱壳的龙虾

——学会跳出保护伞

有牺牲精神，才有成功的希望。

——外国谚语

有一天，龙虾与寄居蟹在海中相遇。寄居蟹看见龙虾正把自己的硬壳脱掉，只露出娇嫩的身躯，它非常紧张地说："龙虾，你怎么可以把唯一保护自己身躯的硬壳放弃呢？难道你不怕有大鱼一口把你吃掉吗？以你现在的情况来看，一个急流就能把你冲到岩石上去，到时你不死才怪呢！"

龙虾气定神闲地回答："谢谢你的关心。但是你不了解，我们龙虾每次成长，都必须先脱掉旧壳，才能生长出更坚固的新壳。现在虽然面对危险，但那是为了将来发展得更好。"

寄居蟹听完龙虾的话，不禁思量起来。自己整天只知道找可以避居的地方，却从来没有想过如何令自己成长得更加强壮；整天只活在别人的庇护之下，只会限制自己的发展。

学会跳出保护伞，懂得合理地放弃是为了成长得更快。

大猪和小猪

——学会不找借口

我从不找借口，也绝不接受借口。

——南丁格尔

猪想让孩子有点儿出息。

这天，它睁开眼睛，想开个训导会，教育自己的孩子们。一看，天上还有星星。它想：谁能这么早就办事呢？

又睡了一觉醒来，太阳已经老高了，肚子也咕噜咕噜地叫了起来。它想：谁能不吃饭就办事呢？

吃完了饭，肚子胀得难受，赶紧跑了趟厕所。回来，眼皮又沉了下来。它想：谁能不休息就办事呢？

结果就这样，一天天过去了。小猪看见猪妈妈吃了就睡，睡了就吃，它们也就跟着学，吃了就睡，睡了就吃！

学会不找借口，懂得如果借口多了，事业也就没了。

成为明星的河马

——学会不怕被拒绝

拒绝是成功的关键，失败让你成长。

——安东尼·罗宾

有一只年轻的河马，生活非常贫困，它身上全部的钱加起来都不够买一件像样的衣服。但他却有一个梦想，希望自己能做一个演员，拍电影，当明星。

此时的兽界电影制作商共有500家，河马便根据自己画定的路线与排列好的名单顺序，带着自己写好的、为自己量身定做的剧本前去一一拜访。但第一遍下来，500家电影公司没有一家愿意聘用它。

面对百分之百的拒绝，河马没有灰心，从最后一家电影公司出来之后，它又回去从第一家开始，继续他的第二轮拜访与自我推荐。

在第二轮拜访中，它仍然遭到了500次拒绝。

在第三轮拜访中，它还是遭到了500次拒绝。

面对连续三轮的拒绝，河马咬了咬牙，开始了它的第四次行动。让它高兴的是，当它拜访完449家后，第450家电影公司的大象老板破天荒地答应让它留下剧本先看一看。

几天后，河马得到通知，大象老板请他前去详细商谈。

商谈之后，大象公司决定投资开拍这部电影，并请河马担任男主角。很快，电影上映了，一下轰动了整个兽界，河马也一夜之间成了尽人皆知的大明星。

学会不怕被拒绝，懂得要想成就一番事业，绝不能被挫折击倒，要越挫越勇屡败屡战。

数学系大学生

——学会正确看待困难

只要我们想做得好，就常能成功。

——卢梭

一天，在一座著名的大学校园里，一个19岁的数学系大学生吃完晚饭，开始做导师例行单独布置给他的每天必有的数学题。正常情况下，这个大学生总是能在两个小时内完成这项特殊作业。

像往常一样，前两道题目在两个小时内顺利地完成了。第三道题目写在一张小纸条上，是要求只用圆规和一把没有刻度的直尺做出正17边形。大学生没有在意，像做前两道题一样开始做起来。然而，做着做着，大学生感到越来越吃力。

困难激起了大学生的斗志：我一定要把它做出来！他拿起圆规和直尺，在纸上画着，尝试着用一些超常规的思路去解这道题。当窗口露出一丝曙光时，大学生长舒了一口气，他终于做出了这道难题。

第二天，大学生把作业交给了导师。导师一看，当即惊呆了。他用颤抖的声音对大学生说："这真是你自己做出来的？你知不知道，你解开了一道有两千多年历史的数学悬案？阿基米德没有解出来，牛顿也没有解出来，你竟然一个晚上就解出来了！你真是天才！我最近正在研究这道难题，昨天给你布置题目时，不小心把写有这个题目的小纸条夹在了给你的题目里。"

大学生听完导师的话，先是一愣，接着感慨地说道："如果老师昨天告诉我这是一道有两千多年历史的数学难题，我恐怕早就吓住了，更别说一个晚上解决它。"

励商物语：_____

学会正确看待困难，懂得不要未战先怯，只有全神贯注于工作或学习上，才能有意想不到的成功。

长成一座山的石头

——学会敢于异想天开

我宁可做人类中有梦想和有完成梦想的愿望的、最渺小的人，而不愿做一个最伟大的、无梦想、无愿望的人。

——纪伯伦

有一块石头在深山里寂寞地躺了很久。它有一个梦想，就是有一天能够像鸟儿一样飞翔。当它把自己的理想告诉同伴时，立刻招来了同伴们的嘲笑："瞧瞧，什么叫心比天高，这就是啊！""真是异想天开！"……这块石头不去理会同伴们的闲言碎语，仍然怀抱理想等待时机。

有一天，一个叫庄子的人路过这里。它知道这个人有非凡的智慧，就把自己的梦想告诉了他。庄子说："我可以帮你实现愿望，但你必须先长成一座大山。这可是要吃不少苦的。"石头说："我不怕。"

于是石头拼命地吸取天地的灵气，承接雨露惠泽。不知经过多少年，受了多少风雨的洗礼，它终于长成了一座大山。后来，庄子招来大鹏以翅膀击山，一时间天摇地动。一声巨响后，山炸开了，无数块石头飞向天空。就在飞的一刹那，石头会心地笑了。

但是不久它就从空中摔了下来，仍旧变回了当初的模样，落在原来的地方。庄子问："你后悔吗？"

"不，我不后悔，我长成过一座山，而且体会过了飞翔的快乐！"石头说。

励商物语：————————————————————

学会敢于异想天开，并为自己的梦想而行动，纵然粉身碎骨也在所不惜。懂得没有奇想就没有创新，没有创新就没有进步。

第六 Q：丢弃金狮子的流浪汉

帮助青少年学会认识金钱、科学理财的财商 (FQ) 物语

只有对金钱有积极态度的人才能变得富有，才能创造辉煌的事业。

——《小狗钱钱》作者　博多·舍费尔

移动金山的一生

——学会提升财富的价值

财富并不属于拥有它的人，只属于享用它的人。

——富兰克林

有一个青年人很幸运，十八九岁的时候就发现了一座金山。这座山，除了他，谁也不知道。只可惜，金山离他家太远了，来回走一趟需要四五十天的时间。

于是，从那时开始，他顶严寒冒酷暑，风里来雨里去，没日没夜地搬运黄金。一趟两趟，三趟五趟，八趟十趟……每趟运回家，收藏好，顾不上吃喝，顾不上休息，就又急匆匆上路了。

就这样，金山越背越小，而他家的黄金像小山似的越堆越大。终于，金山被他彻底挖光了，他家则耸立起一座新的金山。谁都羡慕他能拥有这样一笔价值连城的财富。

但很遗憾，他老了，走不动了。没儿没女的他躺在病床上奄奄一息，他开始回首平生：未曾学习，未曾恋爱，未曾享受，也未曾为社会做过任何公益事业……他做过的唯一一件事，就是把那座金山从一个地方搬到了另一个地方。尽管已经属于他，但他并不能把金山带到死亡世界中去。

财商物语:＿＿＿＿＿＿＿＿＿＿＿＿＿＿＿＿＿＿＿＿＿

学会提升财富的价值，懂得拥有财富和金钱却不将它们发挥作用，等于没有财富和金钱，与穷光蛋是无异的。

商人与儿子

——学会正确认识财富的属性

如果财富是属于你的，那为什么不带它们随你去另一个世界呢？

——富兰克林

有一位勤劳节俭的商人，积蓄了上百万的财富，临死的时候，他把唯一的儿子叫到床前，给了他三个忠告。

第一，财富是流动的，到手的财富不能随意挥霍，否则它会很快流走。

第二，财富是流动的，已经失去的财富不要为之惋惜。

第三，财富是流动的，没有固定的主人，该花的钱一定不要吝惜。

老商人死后，儿子转眼就把父亲的忠告忘到了脑后，认为那是父亲在弥留之际说的昏话。父亲生前对他百般限制，现在他成了这笔巨额财富的主人，正好尽情享受一番。他辞掉了工作，在海边购置了一处气派的房产，终日和一帮酒肉朋友吃喝玩乐，斗鸡跑马。不出一年，父亲留给他的钱全花光了，连房子也被酒馆的老板夺走，卖给别人抵债，那帮酒肉朋友也走得一个不剩。入冬的那天，他被新主人赶出了房子，只好用剩下的一点儿小钱去贫民区租了一间四面透风的瓦房，靠给富人打些散工艰难度日。

到了这步田地，儿子才想起了父亲的忠告，后悔没有听从父亲的话。他下定决心，自此要把父亲的忠告当作传家宝。他严格遵循第二个忠告，不再终日长吁短叹，为失去的财富惋惜，从早到晚愉快地打工挣钱。

新年的第一天，儿子早早地打开房门。看见外面的雪地里蜷缩着一个衣衫褴褛的年轻人，一问才知道那是一个进京考试的读书人，因盘缠用尽潦倒至此。望着眼前这个处境和他目前的穷困经历相近的书生，儿子想起父亲的第三个忠告，就把身上仅有的一点儿钱和父亲留给他的一只金镯子送给了他。

一年后，书生金榜题名，被朝廷派往商人儿子所在的省任总督。书生到任后，把商人的儿子接到任所，让他在自己的手下做事。他做得很好，三年不到又变得和父亲一样富有了。

财商物语：

学会正确认识财富的属性，懂得财富是流动的，不是停留在一个地方固定不变的。它并不专属于谁，决不会忠诚地停留在某个人的身边。所以，必须明白这样一个道理：财富唯一的规律就是流向善待它的人。

大亨与女孩

——学会为自己制定创造财富的宏伟目标

钱曾经作出如此的宣言：不爱它的人，便永远得不到它。

——爱尔兰谚语

有一位年轻人出身贫苦，后来，他以推销装饰肖像画起家。不到 10 年的时间，他便跻身于全国 50 大富翁之列，成为一位年轻的大亨。不幸的是，他因患上前列腺癌去世。

他去世后，报纸上刊登了他的一份遗嘱。在这份遗嘱里，他说：我曾经是一个穷人，在以一个富人的身份跨入天堂的门槛之前，我把自己成为富人的秘诀留下，谁若能通过回答"穷人最缺少的是什么"而猜中我成为富人的秘诀，他将能得到我的祝福。我留在银行私人保险箱内的 100 万元，将作为睿智地揭开贫穷之谜的人的奖金。这也是我在天堂给予他的欢呼与掌声。

遗嘱刊出之后，有 18461 个人寄来了自己的答案。这些答案，五花八门，应有尽有。绝大部分人认为，穷人最缺少是金钱，有了钱就不会再是穷人了。另有一部分人认为，穷人之所以穷，最缺少的是机会，穷人之穷是穷在背时上面。又有一部分人认为，穷人最缺少的是技能，一无所长的人才穷，有一技之长才能迅速致富。还有的人说，穷人最缺少的是帮助和关爱，是漂亮，是名牌衣服，是总统的职位，等等。

在这位富翁逝世周年纪念日，他的律师和代理人在公证部门的监督下，打开了银行内的私人保险箱，公开了他致富的秘诀。

他的答案是：穷人最缺少的是成为富人的野心。

在所有答案中，有一位年仅9岁的女孩猜对了。为什么只有这位9岁的女孩想到了穷人最缺少的是野心？在接受100万元的颁奖之日，女孩说道："我有一个姐姐，她总是能挣到钱。她总是用她挣到的钱为自己购买一支又一支铅笔。我很羡慕她，就向她要铅笔。可她不给我，并且总是说你一定要有野心，争取自己能够挣到钱，然后去买铅笔。于是，我做到了。所以我就想到，也许野心可以让人得到自己想要的东西。我便把野心当作答案寄了出去！"

财商物语：

学会为自己制定创造财富的宏伟目标，懂得越有强烈致富的野心越能创造财富。当今社会，依旧是穷人众多，富人寥寥。很多穷人喜欢谈论富人的创业传奇和他们的种种经历，既对富人充满了羡慕，又慨叹自己的一贫如洗、事业无成。他们不是抱怨，就是满足于现状，甘于平庸。实际上，每个穷人都是可以迈进富人的行列中去的，关键是必须要有强烈的发财致富的愿望，也就是要有野心。如果每个穷人都有这些从心底里迸发出来的欲望，那么，丑小鸭就一定会有变成白天鹅的那一天，好运一定会到来的。那么，获得财富，成为事业有成的成功者也就指日可待了。

改行

——学会敢闯敢干

追求四平八稳的人，永远会是穷人。

——俞敏洪

从前有个猎人，在别人上山打猎时他总推托不去，宁愿躲在家里睡懒觉。

有的猎人打到兔子后，就说："假如你和我们一起去那该多好哇，你也许也可以打到兔子。"

这个猎人说："我本来是想去的，但又怕兔子跑得快，追不上它。"

别人合力猎到了一只虎，有人又为他可惜："假如你和我们一起去打老虎多好，为什么不去呢？"

这个人说："老虎凶猛异常，一不小心就会被它吃掉。"

别人就说："你不敢追兔子，不敢打老虎，那你注定成不了猎人，那做农民吧！"

于是这个人种起了地。但是，当别人下地干农活时，他却躲在家里睡懒觉。有的农户种高粱，问他："你怎么还不种高粱呢？"

这个人说："高粱最怕涝害，雨水多了怎么办？"

有的农户播种水稻，于是问他："你怎么还不种水稻呢？"

这个人说："水稻最忌干旱，假如干旱了怎么办？"

有的农户种棉花丰收了，于是说："明年你也种棉花吧！"

这个人说："棉花最忌虫害，如果出现虫害怎么办呢？"

就这样，这个既是猎人又是农民的人，一年到头什么也没干。

财商物语:—————————————————————————

　　学会敢闯敢干,懂得越是追求安逸,越怕失去已有的一切,越与财富无缘。

想了8年

——学会快速行动

　　如果你看到了山顶上有一束美丽的鲜花,可你就是不敢往上攀登去采摘,而是在一天天地寻找能登上山的捷径,那么,不但山上的花会慢慢地凋谢,你自己也没有尝到登山的快乐。

——俞敏洪

　　迈克和马丁在一艘船上偶然相遇了。下船时,一艘海上的豪华游艇缓缓驶过,二人羡慕异常。迈克说:"假如有一天我也能拥有这样一艘船,此生当没有虚度。"马丁使劲地点了点头。

　　午餐时间到了,他们的肚子都唱起了"空城计"。于是,他们二人四处去寻找吃饭的地方,忽然发现一个快餐车旁围着好多人,生意很不错。迈克对马丁说:"如果我们来做快餐生意,也许可以发大财呢!"

　　马丁说:"嗯,好主意!但是旁边的咖啡厅生意也很兴隆,何不再考虑考虑呢!"

　　结果两人谁也没办法说服谁,从此各奔前程。

　　一拥而别之后,迈克很快就选择了极佳的处所,把所有的钱都用于投资快餐店上。经过艰苦奋斗，8年的心血换来了很多家快餐连锁店的建立，钱财也积累了一大笔，买了一艘游艇后还绰绰有余，他的梦想提前实现了。

有一天，他准备驾着游艇去游玩时发现一个衣衫褴褛的男子从远处走了过来，近了才发现他就是原来在船上相识的马丁。于是，他问马丁："8年时间，你都在做些什么呢？"马丁颓废地说："8年来，我时刻都在想，什么才是最适合我从事的职业呢？"

财商物语：_____

学会快速行动，该出手时就出手。懂得财富不是想来的，寻觅能快速致富的合适的职业是浪费时间的举动。

老僧与年轻人
——学会发现自身的创富能量

每个人都能成为巨富，这个想法使人类能够专注于某一件事而不倦怠。

——杰伊·古德

有一个年轻人，父母双亡，孤身一人，从小给地主家放牛，没有读过一天书。在他20岁的时候，地主给了他自由，却没有给他一分钱。青年人十分愁苦，不知道下一步该怎样养活自己。

他来到庙里，问一位德高望重的老僧："我一无所有，该怎么办呢？"

老僧说：“我给你1万两黄金，换你的一只耳朵，你答应吗？”

青年人坚决地摇头，说：“不答应。”

老僧又说：“我给你2万两黄金，换你一双脚，你答应吗？”

青年人又摇头说：“我不答应。”

老僧继续问：“我用4万两黄金换你的双手，你答应吗？”

青年人连连摇头，说：“我绝不答应。”

老僧接着问：“那么我用10万两黄金换你的双眼，你答应吗？”

青年人说：“无论用多少钱，我都不会答应。”

老僧说：“年轻人，你已经拥有了这么多财富，还有什么可发愁的呢？”

年轻人思考了一会儿，终于醒悟。离开寺庙后，他用了10年时间学习经商之道，又花了10年时间开起自己的店铺，最终富甲一方。

财商物语：————————————————————

学会发掘自身的创富能量，懂得每个人的自身都蕴藏着一笔巨大的财富。只要能正视自己、相信自己，不看轻自己，获取财富一定会指日可待的。

一天时间

——学会让自己的财富每一天都能发挥效能

金钱有如肥料，撒下去才有用处。

——培根

有个守财奴，他一生吝啬节俭，积攒了很多钱。

不想死神突然降临，要夺去他的生命。守财奴这才意识到自己没有好好享受过人生。他对死神说："我把我财富的三分之一给你，你给我一年活着的时间吧。"

"不。"死神的口气不容商量。

"那就求你给我半年的时间，总可以了吧？"守财奴恳求道。

"不行。"死神还是不同意。

守财奴有点儿着急了，说："那……我把所有的财富都给你，你给我一天的时间，行吗？"

"不行。"死神说完，走过来伸手要索他的命。

守财奴绝望了，他向死神提出最后一个请求："请你给我一分钟时间，我要写下遗嘱。"

死神这次同意了守财奴的请求。守财奴用颤抖的双手，艰难地写下一行字："人们，请记住——你所有的财富买不到一天的时间。"

财商物语：_____

学会让自己的财富每一天都能发挥效能，懂得过分地节俭与积攒等于没有财富。因为金钱与财富不是要装在保险箱里进行保管的，而是要发挥它的属性，为事业、为社会添砖加瓦，这样才有价值。

抽水

——学会不被小利所束缚

别急着往口袋里装钱，先看看你口袋的角落是否有了一个破洞。

——乔治·艾略特

有一个旅行的人，在沙漠行走时遇到了狂暴的风沙。一阵狂沙吹过之后，他已认不得正确的方向，饥渴难耐，濒临死亡。可他仍然拖着沉重的脚步，一步一步地向前。终于，他找到了一间废弃的小屋。

这间屋子已久无人住，风吹日晒，摇摇欲坠，里面堆了一些枯朽的木材。他几近绝望地走到屋里，却意外地发现了一台抽水机。

他兴奋地上前去抽水。可是任凭他怎么抽水，也抽不出半滴水来。他颓然地坐在地上。忽然，他看见抽水机旁有一个用软木塞堵住瓶口的瓶子，瓶子上贴了张泛黄的纸条。

上面写着：你要先把这瓶水灌进抽水机中，然后才能抽水，但是在你走之前，一定要把水瓶装满。他拔掉瓶塞，发现瓶子里果然装满了水！

他的内心开始矛盾起来……

是不是该按照纸条上所说的去做，把瓶子里的水倒入抽水机内？但是，万一水引不上来，岂不白白浪费了这救命的水？要是把瓶子里的水喝掉，他就能保住自己的生命，活着走出这间屋子！

最后，他下定决心照纸条上说的去做。他把瓶子里的水全部灌入看起来破旧不堪的抽水机里，水真的涌了出来！

他喝足水后，把瓶子装满，用软木塞封好，然后在原来那张纸条后面，又加上一句他自己的话："请相信我，纸条上的话是真的，只有把生死置之度外，才能尝到甘美的泉水。"

财商物语：

学会不被小利所束缚，懂得只有放弃小利才有可能收获大利。要想成为一个财商高的奋斗者，必须牢记，如果经常纠缠于一些蝇头小利，沾沾自喜，停止不前，那么，这个人是无论如何也得不到大利的。

一贫如洗的穷人

——学会改变观念

一切的成就，一切的财富，都始于一个意念。

——拿破仑·希尔

有一个长工为一个富翁做了十几年的活了，虽然他干活很卖力气，但一年到头还是一贫如洗。富翁非常同情他，想帮助他改变一下生活，就建议他在村口开一家磨坊，并且愿意借给他初期所需要的资金。富翁以为，他一定会答应的，因为这是长工改变自己命运的好机会。

但长工却不这么想，在他看来，为富翁干活，虽然累了些，但是生活上还很有保障的，而且也不需要每年秋天为了债务，搞得邻里不和，甚至还要受到村民的指责。况且如果到村口开家磨坊的话，每年那些苛捐杂税也够自己应付的。

想到这里，长工谢绝了富翁的好意，仍然干着原来的活。当然，也依然过着一贫如洗的生活。

财商物语：_____

　　学会改变观念，懂得财富不可能在安稳的日子里求得。我们每天都可以看到无数的人尽管努力地工作，却依然是穷光蛋，总处在财务危机的状态中。为什么会出现这种局面呢？说到底是因为他们的观念在左右着他们的财产流向。要知道，当社会从工业社会转变到信息社会时，找一份稳定的工作，端一个稳定的饭碗，获得一份稳定的工资，已是过时和落后的观念了。这种求稳和相对安定的观念，只能吃饱饭，却积累不了财富，更谈不上致富和建立自己的事业。所以，每一个渴望成功的人，要想登上理想的金字塔，必须要从改变观念做起。只有这样才能让自己摆脱贫穷的生活，获得财务自由。

一个冬天

——学会创富要有耐性

办企业就像爬山，爬到一定的高度，往往等待着你的就是下坡路。在困境中能挺住，就是胜利。

——李嘉诚

有两个渔民，一个叫阿呆，一个叫阿土。他们老实巴交的，却都梦想着成为大富翁。有一天，阿呆做了一个梦，梦见对岸岛上的寺庙里种有49棵朱槿树，其中开红花的那一株下埋有一坛黄金。梦醒后，阿呆满心欢喜地驾船去对岸的小岛。岛上的寺庙里果然种有49棵朱槿树。

此时已是秋天，阿呆便住了下来，等候春暖花开。肃杀的隆冬一过，朱槿花盛开了，但都是清一色的淡黄花。阿呆没有找到开红花的那一株。庙里的僧人也告诉他从未见过哪棵朱槿开红花，阿呆垂头丧气地驾船回村庄了。

后来，阿土知道了这件事，他也去了那座寺庙。

又是秋天，阿土也住下来等候花开。第二年春天，朱槿花凌空怒放，寺里一片灿烂。奇迹就在那时出现了：果然有一棵朱槿树盛开出了美艳绝伦的红花。阿土激动得在树下挖出一坛黄金。后来，阿土成了村里最富有的人。

阿呆与富翁的梦想只隔了一个冬天。他忘了把梦带入第二个灿烂的春天，而那棵足可令他一世激动的红花就在第二个春天盛开了！

财商物语:

　　学会创富要有耐性，懂得坚持出事业，坚持出成功，坚持出财富。谁能坚持数年矢志不渝地做一件事，谁就能守得云开终见日，谁就能获得财富，许多人都是如此。即便是很多功成名就的创业家也不例外。

跟班鬣狗
——学会做领头羊

敢于先吃螃蟹的人才能成为富人。

——严介和

　　有一只狮子，被草原上所有的动物尊为大王。有一天，狮王独自在草原上走着，寻找着食物。几只鬣狗小尾巴似的跟在狮王的后面。许多年来，它们就是这样当着狮王的免费跟班和侍卫，既不敢离得太远，也不敢靠得太近。太近了，狮王一生气，它们就得吃不了兜着走；太远了，就会被甩丢了。

　　很快，狮王看到了它的猎物。一只小鹿正在一条小河边饮水。狮王气定神闲地眯着眼，扫了一眼身后的跟班，然后便以飞快的速度直奔小鹿而去。

　　仅仅几秒钟的时间，小鹿就被狮王扑倒。它开始大口大口地吞食鹿肉。一会儿的工夫，小鹿便被吃得只剩下一些残肉和骨头。它来到河边，喝了几口水，然后抬起头来望了望站在远处的跟班鬣狗，嚎叫了一声，向草原深处跑去。

见狮王走了，几只鬣狗连忙跑到那堆残肉剩骨旁，开始啃起狮王的剩余残渣。尽管已没有多少可吃的了，可鬣狗们却吃得津津有味。

财商物语：＿＿＿＿＿＿＿＿＿＿＿＿＿＿＿＿＿＿＿＿

学会做领头羊，懂得跟在别人的后面走永远创造不了大的财富。

一条新裙子
——学会打破思维定式

如果你觉得行就能行，你觉得不行就不行。

——玛丽·凯·阿什

从前，有一对夫妻，家里很穷，妻子只有一条裙子。

裙子穿了很多年，已经很旧很旧了，她整天只是补裙子，补丁多到已经看不出裙子原来的样子了。

这天，丈夫回家了，见妻子在哭，于是就问："你哭什么？"

"你看，裙子上又有一个洞，已经没有东西可补了！"

第二天，丈夫用赚来的全部工钱给妻子买了一条新裙子。他拿回家对妻子说道："亲爱的，即使晚饭不吃，我也要给你买条新裙子！"

妻子接过裙子一看，很是高兴。

丈夫躺下睡觉后，妻子仍然忙个不停。等丈夫醒来时，看见妻子正在把刚买来的新裙子剪成一块一块，然后细心地缝补在旧裙子上。他哭笑不得，"哎哟"叫了一声。可他的妻子却说："亲爱的，谢谢你，你看我把所有的破洞都补好了。还留下一块，够一年缝补用的了！"

财商物语：_____

学会打破思维定式，懂得越固守成规越穷困，越跳出传统越能致富，越推陈出新越成功。

金色的东西

——学会珍视已有的财富

对于不知足的人来说，没有一把椅子是舒服的。

——富兰克林

米达斯国王只爱两件事物：金子和他的女儿金玛丽。他不喜爱花朵，对音乐也失去了兴趣。他整天钻在昏暗的地下室，在他的金子中傻子般地陶醉，自言自语地抒发着他的快乐。

一天，一位英俊的陌生人出现在地下室中。他是一位神。神很快就了解到米达斯国王并不满足于比世界上任何人都有钱。

"那么，"神问道："什么能使你快乐呢？"

米达斯国王想象不出他想要的那堆金子到底有多大，但他觉得要是他每碰到一个东西，那个东西都会变成金子，那真是再好不过了。

神说："那好吧，明天一早你就会拥有这种力量。"然后，这位神化成一道灿烂的光柱消失了。

米达斯国王的快乐没有持续多久就消失了，他痛苦地发现他既不能吃也不能喝，食物在嘴里都变成了金子。更糟糕的是，当他像往常一样亲吻女儿时，她却变成了金子。

遭受到悲惨打击的米达斯国王，重新认识了他面前的金子。当神再次在他面前出现时，米达斯国王深切恳求神让他回到从前，并忏悔地说，一杯水、一块面包，当然还有他的女儿金玛丽，都要比那些金子宝贵得多。

"你比以前更聪明了，米达斯国王！"神说："你还能明白，每个人拥有的最普通的东西，都比世人羡慕和追逐的财富要宝贵得多。"

神告诉米达斯国王，去河里冲洗自己，把水泼到被他变成金子的每一件东西上，这样，它们都会变成原来的样子。

后来，米达斯国王总是一边逗弄着坐在他膝盖上的外孙，一边告诉他们现在是多么讨厌看见金色的东西——当然，除了他女儿金色的头发。

财商物语：_____

学会珍视已有的财富，懂得生活中很多东西的价值远远超过了金子。

遗产

——学会创富要置之死地而后生

通过辛勤工作获得财富才是人生的大快事。

——巴尔扎克

有个商人，他有两个儿子。大儿子是父亲的宠儿，父亲想把自己的全部财产都留给他。母亲很可怜小儿子，她请求丈夫先不要宣布分财产的事。她要想个办法让两个儿子分得公平一点儿。商人听从了她的劝告，没有宣布分财产的决定。

有一天，母亲坐在窗前哭泣，一位过路人看见了，就走上前来，问她为什么哭。

她说："我怎么能不哭呢？对我来说，两个儿子都一样亲，可是他们的父亲却想把全部财产留给一个儿子，而另一个什么也得不到。在我还没想出帮助儿子的办法以前，我请求丈夫先不要向儿子们宣布他的决定。但是我自己没有钱，我不知道怎么才能解决这个烦恼。"

过路人说："你的烦恼很容易解决。你只管向两个儿子宣布，大儿子会得到全部财产，小儿子什么也得不到，但以后他们将各得其所。"

小儿子一听说自己什么也得不到，就离开家到外地去了。他在那里学会了手艺，增长了知识。而大儿子依赖父亲的财产生活，什么也不学。

父亲死后，大儿子什么都不会干，把得到的财产都花光了。而小儿子却在外面学会了挣钱的本事，变得富裕起来。

财商物语：

学会创富要置之死地而后生，懂得财富是可以从零开始创造的。

献玉的邻人

——学会善于发现财富

人身上最值钱的，是大脑中的知识。

——郁达夫

魏国的一个农夫有一次在犁田时突然听到一声震响。他喝住耕牛，刨开土层一看，原来是犁铧撞上了一块直径一尺、光泽碧透的石头。

农夫不知是玉，便跑到附近田里，请邻人过来观看。那邻人一看是块罕见的玉石，立刻就起了歹心，便编了一套谎话对农夫说道："这是个不祥之物，留着它迟早会生出祸患。"

农夫一时还拿不定主意。他心想："这么漂亮的一块石头，假如不是怪石，扔掉了多可惜。"农夫犹豫了一会儿，最后还是决定把它拿回家去，先摆在屋外的走廊上观察一下，看看到底是怎么回事。

那天夜里，石头忽然光芒四射，把整个屋子照得像白昼一样。农夫全家人被这种神奇的景象惊呆了。农夫又跑去找那邻人。

邻人趁机吓唬他说："这就是石头里的妖魔在作怪。你只有马上把这块怪石扔掉，才能消灾除祸！"

听了这话，农夫急忙把石头扔到了野地里。而那邻人却快速跑到野地把石头搬回了自己家。

第二天，邻人将这块玉石献给了魏王。

魏王把玉工叫来品鉴其价值。那玉工一见这块玉石，不禁大吃一惊。他急忙朝魏王跪下，连连叩头，然后起身对魏王说："恭喜大王洪福，您得到了一块稀世珍宝。我虽然当了这么多年的玉工，还从来没有见过这样大、这样好的玉石。"

魏王问："这块玉石值多少钱？"

玉工说："这是一件无价之宝，难以用金钱计算它的价值。世上有各种各样的玉石，但没有哪一块能与它媲美。"

魏王听了这话以后大喜，当即赏给献玉者一千两黄金，同时还赐予他终生享用大夫俸禄的待遇。

财商物语：———————————————————

学会善于发现财富，懂得发现商机、发现财富，并且不受外界负面因素影响，这样一定会收获财富。

两兄弟与铁钉

——学会一点一点地积累财富

看重小钱的人能够得到大钱。

——伯顿

从前，有一对贫穷的兄弟，他们以捡破烂为生，俩人一直过着清贫的日子。但是，他们并不满足于现状，而是天天都盼着能发财。

一天，兄弟俩照常从家里出发，沿着一条街道去拾捡破烂。但这天，这条长长的街道仿佛被人做了一次大扫除，连平日里最常见的破烂都不见了踪影，仅剩的就是一个个一寸长的小铁钉。

老二看到了，不屑一顾地说："几个小铁钉能值多少钱？"

但是，老大并不嫌弃，而是弯腰一个个地拾了起来。走到了街尾，差不多捡了满满一小袋子铁钉。

瞧瞧老大，老二有些后悔，等他回头再想去找铁钉的时候，路上哪还有铁钉，都被老大一个个地捡完了。又向前走了不久，兄弟俩几乎同时发现街尾新开了一家收购店，门口挂着一块牌子写道：本店高价回收一寸长的旧铁钉。

老二看到后，更加后悔。他眼睁睁地看着老大用那些小铁钉换回了一大把钞票。

店主看到待在一旁发愣的老二，问道："孩子，在来的路上，难道你就一个铁钉也没看到？"

老二非常沮丧地回答："我看到了啊。可那小铁钉看起来并不起眼，我也没想到一路上会有那么多，我更没想到它竟然这么值钱。等我想要去捡时，铁钉全被大哥捡光了。"

财商物语: _____

学会一点一点地积累财富,懂得"聚沙成塔,集腋成裘"的道理。

天才面包师

——学会对事业精益求精

一个想赚钱的人,不应把"钱"字挂在嘴上,而应挂在腿上。

——松下幸之助

有一个天才面包师,自打一生下来,就对面包有着无比浓厚的兴趣,闻到面包的香气就如醉如痴。

长大后,他如愿以偿地成了一位面包师。他做面包时,要用绝对精良的面粉、黄油;要用一尘不染、闪光晶亮的器皿;打下手的姑娘要令人赏心悦目;伴奏的音乐要称心宜人。四个条件缺一不可,否则酝酿不出情绪,没有创作灵感。

他完全把面包当作艺术品,哪怕只有一勺黄油不新鲜,他也要大发雷霆,认为那简直是难以容忍的亵渎。

哪一天要是没做面包,他就会满心愧疚,心里总在想:馋嘴的孩子和挑剔的姑娘只能去买那些粗制滥造的面包了。

他从来不去想今天少做了多少生意。然而他的生意却出人意料的好,超过了所有比他更聪明、更活络、更迫切想赚钱的人。

财商物语：

学会对事业精益求精，而不是刻意追求金钱。懂得越在意往往越失意，平淡地看待金钱，认真地做事，财富就会不请自来。

抉择

——学会准确地判断取舍

到手的财富固然重要，但是，如果想要更大的财富，那么，就要考虑已到手的财富应不应该还占有。

——巴菲特

两个贫苦的樵夫靠着上山砍柴卖柴糊口。有一天，他们在山里发现两大包棉花，两个人不禁喜出望外。棉花的价格高过薪柴数倍，将这两包棉花卖掉，足以让家人一个月衣食无忧。当下两人各自背了一包棉花，赶路回家。

走着走着，其中一个樵夫眼尖，看到山路上有一大捆布，走近细看，竟是上等的细麻布，足足有十几匹之多。他欣喜之余，和同伴商量，想放下肩膀扛的棉花，改背麻布回家。

他的同伴却有不同的想法，认为自己背着棉花已走了一大段路，到这里再丢下棉花，岂不枉费自己先前的辛苦，坚持不愿换麻布。先发现麻布的樵夫屡劝同伴不听，只得自己竭尽所能地背起麻布前行。

又走了一段路后，背麻布的樵夫看见林中闪闪发光，往近前一看，地上竟然散落着数坛黄金，赶忙劝同伴放下肩头的棉花，改用挑柴的扁担来挑黄金。

他的同伴仍是那套不愿丢下棉花以免枉费辛苦的想法，并且怀疑那些黄金不是真的，劝他不要白费力气，免得到头来一场空欢喜。

发现黄金的樵夫只好自己挑了两坛黄金，和背棉花的伙伴赶路回家。走到山下时，突然下了一场大雨，两人被淋了个湿透。更不幸的是，背棉花的樵夫肩上的大包棉花，吸饱了雨水，重得完全无法再背，并且成了废品。那樵夫不得已，只能丢下辛苦背下山的棉花，空着手和挑黄金的同伴回家去。

财商物语:——————————————————

学会在众多利益面前准确地判断取舍。懂得既不能因贪大利而放弃小利，也不能因不舍小利踌躇不前而丧失了获大利的机会。

酸葡萄
——学会在创富时智慧地妥协

既然南方那个地方不能让我重振雄风，那我就换个地方到上海去发展好了。

——史玉柱

一只狐狸为了寻找食物已经走了一天一夜，但它仍然坚信自己能够找到食物。

终于，它在山脚下看到一个农夫的篱笆墙里葡萄架上挂着一串串晶莹剔透的葡萄。这让饥肠辘辘的狐狸口水直流，真想摘下几串美美地吃上一顿。来到葡萄架下，狐狸兴奋地跳了起来。但葡萄架实在太高了，它用尽全力跳了几次，始终无法够着葡萄。

看着架上的这些葡萄，狐狸想了一会儿，对自己说："这里的葡萄还没有熟透呢，肯定是酸的。"想到这一点，狐狸心中似乎找到一点儿安慰，又开始上路，继续寻找它的食物去了。

财商物语：

学会在创富时智慧地妥协，懂得在此地掘不到财富就到彼地去创富，明白太阳不是光照射一个地方的。

小猴与豆子

——学会在创业创富时有智慧地瞻前顾后

既要看到锅里的，又要守住碗里的。

——王永庆

小猴从梅花鹿的家门口经过时，梅花鹿给了它一大把豆子，小猴高兴地捧着豆子往家里走去。

半路上，小猴发现路旁长着一棵花生苗，心想：这棵花生苗上肯定结了不少花生，我一定要把它拔起来。可是小猴手里捧着豆子，身上又没有口袋，怎么办呢？想来想去，小猴只好把手里的豆子放在身后的一块青石板上，自己转身去拔那棵花生苗。

由于土很硬，小猴费了九牛二虎之力才把花生苗拔起来。可拔起来的花生苗却令小猴大失所望。原来还不到花生成熟的季节，花生苗上一个花生都没有。

小猴懊恼地扔掉了花生苗。待它转身去拿青石板上的豆子时，它才发现，豆子早已被躲在青石板下的小松鼠偷吃了个精光。

财商物语：————————————————————

学会在创业创富时智慧地瞻前顾后，懂得在寻求新的财富时切不可丢掉旧的财富。

愿望

——学会在任何条件下都能激发创富头脑

人们就算不可能真的发财，心中也要永远存有致富的欲望。

——魏斯曼

三只不同的动物被一个人关进了三个不同的笼子，人对动物说："我可以满足你们每个动物一个愿望，请说吧。"

贪吃的猴子说："我要很多很多的核桃。"

浪漫的熊猫说："我要一只美丽的雌熊猫。"

勤奋的鸽子说："给我一大沓信纸和一支笔吧。"

三年后，人决定放它们出来。

第一个冲出来的是猴子，它抱着一大堆核桃，大喊道："给我砸开！给我砸开！"原来干硬的核桃壳使它无法享受到美味。

接着出来的是熊猫，只见它怀抱着一只小熊猫，雌熊猫拉着一只小熊猫，还有一只小熊猫跟在身后。

最后出来的是鸽子。它紧紧握住人的手说："这三年来我每天与外界联系，我的生意越做越大，马上就能获得丰厚的利润！"

财商物语：_____

学会在任何条件下都能激发自己的创富头脑，懂得财商思维的发挥是不受条件所限制的。一个人财商的高低，最直接的标准就是看他在特殊条件下，能否发现商机，看到财富，而能够看到财富者，就是拥有高财商的智者，这样的人，无论从事什么行业，都一定能成功。

钓鱼的学问

——学会创富的一些基本知识

闯荡商场的第一关，就是先学进货。要对税务知识有所觉悟。

——邱永汉

一位老人在河边钓鱼，一个小男孩走过去看他钓鱼。老人技巧纯熟，没多久就钓了满篓鱼。老人见小孩很可爱，要把整篓的鱼都送给他，小男孩摇摇头。老人惊异地问道："你为什么不要？"小男孩回答："我要你手中的钓竿。"老人问："你要钓竿做什么？"小男孩说："这篓鱼不久就会吃完的，我要是有了钓竿，我就可以自己钓，一辈子也吃不完。"

但是他看到老人不置可否地摇了摇头。

老人说："孩子，你如果只要钓竿，但不懂钓鱼的技巧，也是不行的。你必须先学习和掌握钓鱼的基本知识，做到心中有数，才不至于白费工夫。"

财商物语：_____

学会创富的一些基本知识，懂得若想钓到大鱼就要先学会钓大鱼的技巧。一个具有高财商的人，一定是对商业运营、商业思维、商务实践、经商法则以及各种财务和经营知识都了然于心的人。在商业社会里，谁储备的理财知识多，谁就能得心应手地创业以至成功；反之，谁脑袋里是一张白纸，对商业、创富没有一点儿认识，尤其是不谙理财意识和市场规律，那么，他一定会被淘汰出局。

发现金狮子的人

——学会抓住来到眼前的任何创富机会

机会老人先给你送上他的头发，如果你没抓住，再抓就只能碰到他的秃头。

——培根

一个流浪汉走在回乡的路上，现在他已身无分文。当他看见夕阳的余晖金光闪闪地在山后出现时，他便跪下来祈求上苍："伟大的天神啊！请你赐给我财富吧！"他虔诚地向诸神膜拜、祈求。

神听了他的祈求，于是在他经过的森林里，放了一只很大的金狮子，准备送给他。流浪汉疲惫地走进森林。当他看见金狮子时，简直不敢相信。

"我该怎么办？我快要昏过去了！这是一只金狮子吗？它会不会变成真狮子咬人？我要不要拿呢？"流浪汉的心里十分矛盾，胆怯和贪婪相互交战着。

最后，他自言自语地说："我真想要金子，可是又怕它变成真狮子咬我！遇见这么幸运的事，我却不敢接受……我看我还是回去找朋友帮忙搬吧！免得那金狮子真的跳起来咬人……"于是，他匆匆忙忙地向村子里走去。

可是，就在他走后不久，一个樵夫路过，看见了金狮子，把它搬回家了。

财商物语：_____

　　学会抓住来到眼前的任何创富机会，懂得财富永远都垂青善于把握机会的人。比尔·盖茨是如此，松下幸之助是如此……所以，每一个渴望成功、渴望拥有财富的人，一定要扎扎实实地学懂弄通财商中的机遇思维，让机遇成为你走向成功的起点。

两只猴子挑水

——学会对常规的创富模式进行改革

"我试试"，则每日皆成大事，而"我不行"，则一事无成。

——罗塞蒂

猴子辉辉和丑丑一起挑水去城里卖，一桶卖 1 元，一天可以挑 15 桶。

有一天，辉辉说道："我们每天挑水，现在可以挑 15 桶。等我们老了，还可以一天挑 15 桶吗？我们为什么不现在铺设一条水管到城里，这样以后就不用这么累了。"

丑丑说："可是如果我们把时间花去铺设水管，我们一天就赚不到 15 元了。"所以丑丑不同意辉辉的想法，就继续挑水。而辉辉开始每天只挑 13 桶，利用剩下的时间铺设水管。

五年后，丑丑继续挑水，但只能挑 13 桶。而此时，辉辉已铺好了水管，每天只要拧开水龙头就可以赚钱了。

财商物语：_____

学会对常规的创富模式进行改革，只顾眼前不看将来、只守传统不进行创新，是实现不了财富梦想的。

渔夫和宝石

——学会培养自己对商机的敏感度

机遇只偏爱那些有准备的头脑的人。

——巴斯德

有两个渔夫，天天在一起打鱼。原来每天每人都能打到一篓鱼，可这几天，他们俩打到的鱼却越来越少了，好像突然之间所有的鱼全都藏起来似的。原来，附近的海水都被污染了，因此鱼越来越少了。许多渔夫不得不到远海去打鱼了。

这天一大早，他们两个来到海边。太阳还没有出来，黑暗中，他们感觉到脚下似乎有什么东西。好像是两袋小石头。他们俩捡起袋子，将渔网放在一旁，都不说话，坐在岸边等待日出。

他俩懒洋洋地从袋子里拿出小石头丢进水里，没有其他事情可做，他们俩就不断把石头一颗颗地丢进水里。

慢慢地，太阳升起，周围的一切也都变得亮了起来，他俩突然看着自己手中的石头不动了。因为他们俩都发现各自手中拿的是一颗宝石。在黑暗中，他们俩竟然把整整两袋宝石丢进了大海里。

财商物语：＿＿＿＿＿＿＿＿＿＿＿＿＿＿＿＿＿＿＿＿＿＿

学会培养自己对商机的敏感度，懂得谁如果每时每刻都有发现商机的意识，谁就能抓住机会创造财富，直至成为巨贾大亨。松下幸之助因为顾客议论电源插头单用不方便而敏感地发明了"三通"，岛村芳雄因为看见街头无数太太用自制的纸袋装东西而开办了纸袋绳索工厂，米尔曼因自己穿的长筒丝袜经常往下掉而研究并开发出了不掉的长筒丝袜……所以，要想成为富人，首先要做的就是训练自己对商机的敏感度。只有如此，才能走上通往财富之路的光明大道，迎来金灿灿的事业。

农妇剪羊毛

——学会靠别人来增加财富

假舆马者，非利足也，而致千里。

——荀子

有一个农妇，生活非常节俭。到了剪羊毛的季节，她不想雇人，想要自己来剪。因为这样可以省不少钱。她以前没有剪过羊毛，根本不知道该怎么去剪。但她根本不在意这些，竟然连毛带肉都给剪下来了。

羊痛得边挣扎边说："主人，你怎么能这样伤害我呢？我的血和肉并不能增加羊毛的价值呀？如果你要我的肉的话，可以让屠夫来杀死我；如果想要我的毛，可以雇个剪毛匠，他会很熟练地剪下我的毛，而不使我痛苦。

财商物语：_____

学会依靠别人来增加财富，懂得一个人的力量是微薄的。尺有所短，寸有所长，我们每个人不可能什么领域什么行当都精通。

因此，我们必须要学会借力，借别人的脑袋，借别人的双手，借别人的智慧，乃至借别人的技术和资金。这种借力不仅可以节省很多时间，让自己去做别的事赚别人的钱，同时亦能在该项目上快速地创造利润。